可可·香奈儿

命运要你成长，就会给你磨难

朵雅 著

中国华侨出版社

图书在版编目（CIP）数据

可可·香奈儿：命运要你成长，就会给你磨难 / 朵雅著 .—北京：中国华侨出版社，2017.10

ISBN 978-7-5113-7046-4

Ⅰ . ①可… Ⅱ . ①朵… Ⅲ . ①夏内尔 (Chanel,Gabrielle 1883–1971) —传记 Ⅳ . ① K835.655.7

中国版本图书馆 CIP 数据核字（2017）第 220229 号

可可·香奈儿：命运要你成长，就会给你磨难

著　　者 / 朵　雅

责任编辑 / 桑梦娟

责任校对 / 高晓华

经　　销 / 新华书店

开　　本 / 880 毫米 ×1230 毫米　1/32　印张 / 8　字数 /221 千字

印　　刷 / 三河市华润印刷有限公司

版　　次 / 2017 年 11 月第 1 版　2017 年 11 月第 1 次印刷

书　　号 / ISBN 978-7-5113-7046-4

定　　价 / 32.00 元

中国华侨出版社　北京市朝阳区静安里 26 号通成达大厦 3 层　邮编：100028

法律顾问：陈鹰律师事务所

编辑部：（010）64443056　　64443979

发行部：（010）64443051　　传真：（010）64439708

网　　址：www.oveaschin.com

E-mail：oveaschin@sina.com

序言

一提起香奈儿，很多人都会情不自禁地想到经典的小黑裙，想到香奈儿五号香水，想到菱格纹手袋……那些经典设计，即便是过去了很多年，却依然处在时尚的前端。

这个享誉世界的品牌，也是她的名字——可可·香奈儿。

这个富有个性的品牌，正如她的人生一样，传奇而瑰丽。

她用自己的热情和天赋创造了香奈儿时尚帝国。她用自己的大胆和创新引领着时尚潮流，她用自己的坚强和勇敢活在一个没有亲人的世界上。

她骄傲，她优雅，她执着。这样的她是女人的榜样，她的生活和事业是所有女人都羡慕的。

只是没有人会想到，这个创建了香奈儿时尚帝国的女王，在光鲜的背后，会有一个贫穷惨淡的童年。

她就像是一个被上帝遗弃的天使，孤独而又艰难地在社会的最底层苦苦挣扎，饱受贫穷与卑微的煎熬。当别的孩子都在享受父母的宠爱时，童年的可可·香奈儿却只能一个人挑起了生活的重担。

一路荆棘，一路打拼。多年以后，香奈儿公司的员工都成了拥有着各种贵族头衔的社会上层人士，而这个曾经处在社会最底层的姑娘，却成了他们的老板。曾经，上帝遗忘了她，但是，她选择做自己的命运天使。

她用与生俱来的设计天赋撑起了自己的梦想。在时装的世界里，她就是舞动的精灵，她在用自己的方式，为人间增添美丽。

她讨厌华而不实的服饰，那些烦琐的装扮让她感到厌烦。她喜欢简约，并用这种独特的风格解放了 20 世纪妇女的衣着。女人们开始脱掉裙子，穿上长裤，背起女包，衣服不再是束缚，而是一种个性的张扬、自由的享受。可可·香奈儿的出现，如同一缕清风，给人们带来了一种轻松感。

而她也始终相信：简约就是美。她从这种理念出发，为时尚界带来了一场飓风般的革命。

纵然被世人认为是离经叛道，但是我行我素的可可·香奈儿依旧相信并坚持着自己的时装设计梦想。有些事情无须多言，也无须多辩，时间会给出我们最好的答案。当全世界的女人都在向往香奈儿的时候，那些曾经批判她的人们早已经消失得无影无踪了。

狮子座的可可·香奈儿是位个性独立的姑娘，她绝不依赖任何人生存。即便是身为别人的情妇，她也要独立，也要尊严。当一个男人身边的寄生虫，那不是她想要的。然而天使注定要为世间的百姓而奉献自己。她用美丽拯救了人们守旧的心，但是她的感情，却从未圆满。爱情的几次打击，成了她事业上升的动力。她是个不折不扣的女强人，只是这种坚强背后，却隐藏着一份不易察觉的落寞与忧伤。

可可·香奈儿终生未嫁，她用一生的激情与才华，为世界留下了永远的香奈儿。生命有尽时，而她却用有限的生命，为人间创造了永恒的价值。

目录

| 第一章 记忆倒带 |

奥弗涅唯一一座不灭的活火山

「 辛酸童年 」

徜徉在墓园里的小女孩

北纬 42°、东经 2°，在直线距离我们 11739.17 公里的法兰西共和国的首都巴黎，埃菲尔铁塔骄傲地挺直了身躯，让身处巴黎的每个人可以在城市里的任何角落都能够看得到它的面容，古老的巴黎圣母院，经过 400 年的岁月洗礼，依旧如从前一样庄严而肃穆，金碧辉煌的凡尔赛宫也不改其皇宫的奢华，还是那样灿烂夺目。

一切，如往日模样。

时间静静地流淌，放眼望去，偌大的法国巴黎，到处都是历史遗留下来的古迹，古老味道四散弥漫着。然而，如果你身处繁华都市的首都巴黎，却只看到那些历史遗留下来的名胜古迹，那么你也只看到了这座城市一半的面容，而非全部。

巴黎，有着其他城市所没有的两面性，除去那些历史悠久的古迹，巴黎还是一个走在潮流前沿的时尚宠儿。古老与时尚交错，陈旧与新潮撞击，如此碰撞出来的火花，弥漫着一种专属于巴黎的独一无二的味道。徜徉在琳琅满目的大街上，时装店和化妆品店会让你产生一种错觉，恍惚之中，感觉自己走进的是购物的天堂。在这里，购物不单单是买东西，而是一种感觉、一种享受。

当然，在众多的时尚品牌中，香奈儿无疑已经成为时尚的代表，成为了法国的标志。

那些带着双 C 标志的精品店面，大大小小有无数家，它们隐藏在城市里的各个角落。浓郁的巴黎情调附带着时尚的色彩，总是会让那些爱逛街的人们怦然心动。如果你经过香奈儿的店，却依旧不为之所动，也许只是因为你还消费不起这样的奢侈品牌，也就只好匆匆而过，无须留恋。然而，当你真正拥有过香奈儿产品之后，你便会觉得它不只是一件商品，更是一种精神。香奈儿的内在精神要远远大于它华丽的外表。就如同它的创始人——加布里埃·可可·香奈儿一样，那种无形的力量，可以穿越时空，可以横扫万物。

世间万物的神奇总是能让人瞠目结舌。谁能想到，这样一个国际知名的奢侈品品牌，一个引领着全球时尚潮流的品牌，它的创始人会是一个出身卑微的如同牧羊女一般的女子。谁又能想到，就是这样一个没有社会地位的普通女子，能够凭借自己的力量与信念，造就传奇、演绎传奇。或许吧，造就传奇的人本身就是传奇所在，不然怎能够与命运的乖张相抗衡呢！

然而，传奇的开始，却是充满了悲哀的滋味。提及可可·香奈儿童年那段不完整的悲惨时光，总是会让人有些微微的心疼。尽管可可·香奈儿自己并不愿回忆这段岁月，甚至是刻意地去回避，但事实就是如此。我们改变不了，所以不必怨恨，也不必哀伤。或许，我们能做的，是学着去乐观地感谢那段经历，如果不是如此，也就不会有神话一般存在的可可·香奈儿。

童年岁月是可可·香奈儿一生最不愿提及的时光，她极力去回避，去隐藏。如果一个人的童年是幸福的，那么每每回忆，嘴角都会扬起笑容，眼里充满着幸福的亮光。而可可·香奈儿的童年是悲惨的，是不幸的，所以她努力想摆脱这段噩梦一般的童年。而一切的不幸，从可可·香奈儿未出生开始，便渲染上了悲剧的色彩。这也注定了她的童年是悲伤的。

1789年，法国爆发了一场空前的大革命，统治法国多个世纪的君主制度在3年内分崩离析。法兰西共和国，一个偌大的国家，正在经历着史诗般的巨大转变。也就是在法国大革命爆发之后的第三年，可可·香奈儿的曾祖父约瑟夫·香奈儿出生了。如同所有最底层的劳动人民一般，可可·香奈儿的曾祖父只是一个平凡得不能再平凡，既没有钱也没有社会地位的木匠。想要改变现状，唯有依靠婚姻，尽管约瑟夫婚后依旧过着普通农夫一样的平凡生活。也许，约瑟夫·香奈儿是爱着他的妻子的，可是事实上，他的这份爱并不纯粹。但至少，可可·香奈儿的曾祖父也因为这份婚姻而摆脱了自己的劳工身份，甚至还有了属于自己的小酒馆。

1875 年，一场突如其来的自然灾害打破了原本平静的生活，对于依靠种植业生活的普通劳动人民来说，这场自然灾害使得他们本就贫苦的生活雪上加霜。无奈之余，可可·香奈儿的祖父亨利·阿德里安选择与兄弟一起离开家乡，到一个新鲜而陌生的地方，重新开始自食其力的生活。

很快，亨利·阿德里安如自己所愿，找到了一份足以养活自己的工作。而山区劳动人民的自强不息和乐观冒险的精神也让农场主情窦初开的女儿芳心暗许。于是，一对年轻人就这样坠入了爱河。

血液里流淌的基因是那般的强大，代代相传，让人感叹家族的遗传是如此神奇。如果可可·香奈儿的父亲能够遗传香奈儿曾祖父与祖父那样的安稳与甘愿平庸，或许，可可·香奈儿人生的起始便不会那样悲伤。

可以说，可可·香奈儿的父亲是一个"风一样的男子"。他不愿在一个地方驻足停留过久，也不愿在一个女人身上安分守己，他就像风一样，喜欢无拘无束，喜欢自由自在，而且处处留情。显然，这样的男人是富有魅力的，那张能够花言巧语的嘴不知道哄骗了多少无知少女，而在那些懵懂无知的少女中，就包括了可可·香奈儿的母亲——珍妮。

玩弄引诱女人的男人，从未想过对谁负责。如果双方都不曾认真，或许也就没那么可悲。可悲的是，本就是一段不认真的感情里，女人就这样陷入了爱情之中，痴迷于那个玩弄自己感情的男人，无法自拔。

1880 年，可可·香奈儿的母亲珍妮遇见了她的父亲阿尔伯特·香奈儿。不谙世事的小姑娘就这样被情场高手所俘虏。当激情退去，新鲜感不复存在，等待珍妮的就只有无情的抛弃。于是，16 岁的花季少女珍妮，也为这段玩笑一般的爱情付出了惨痛代价——她怀孕了。

无法掩盖的事实终究还是会暴露，日渐圆润的肚子已经不能让珍妮坐以待毙地默默等待下去，执着的珍妮渴望得到阿尔伯特的爱恋，她渴望能够与阿尔伯特共同经营一个温馨的家。于是，一个从未走出过家乡的姑娘，就这样带着身孕，穿过一个又一个村庄，寻找心中思念已久的那个男人。

此时的阿尔伯特是承认自己与孩子的关系的，但他却依旧不愿给珍妮一段婚姻、一个家庭。无奈，被爱冲昏头脑的珍妮只能卑微下去，她做出了退让：可以暂时不结婚，但要与阿尔伯特同居一室，并生下肚子里的这个孩子。

背负着旁人异样的眼光，顶着家里给的巨大压力，17 岁的珍妮就这样无名无分地追随着阿尔伯特，从此四处漂泊，居无定所。

1883 年的盛夏，太阳发出炙热耀眼的光芒，仿佛要拼尽自己的全力灼烧掉世间万物一般，以展示它的强大。八月，作为家里的第二个孩子，可可·香奈儿出生了。一切，预示着伟大即将降临，也预示着悲剧即将开始。

那个风一样的父亲阿尔伯特即便是孩子出生，也没有在珍妮的身边陪伴左右，而虚弱的产妇也未能去市政厅给刚刚坠地的婴儿登记。没有父母在身边，可可·香奈儿的出生显得那么随意，那么卑微。就连跟随一个人一生的名字，都因为粗心而被弄错了。工作人员错误地将可可·香奈儿的姓氏"Chanel"拼写成了"Chasnel"。直到后来，她的名字才被更正过来。

每一个诞生的小生命，都如同坠落人间的天使，展示着大自然的神奇力量，生生不息，也充满着希望与光明。弱小的生命，需要被疼爱、被照顾。然而可可·香奈儿的出生，却没能被人视若珍宝，反而是被人忽略了。

母亲珍妮依旧对自己心爱的男子充满希望，而那个男子也依旧如风一般，以寻求自由为借口，四处漂泊，四处留情。所有的一切都如同一个循环，一个改变不了的循环。生活，也就在这样的循环中，度过一天又一天，一年又一年。

转眼之间，可可·香奈儿已经可以不用人时时刻刻地左右照顾了，而与此同时，幼小的可可·香奈儿又迎来了自己的弟弟与妹妹们。香奈儿一家几口，过着艰辛困苦的生活。可是生活的不易，并没有让可可·香奈儿的父亲甘心于现状，安稳生活，即便是自己已经有了妻子与四个孩子，但是，浪子终究还是浪子。

或许，有些人不明白为何珍妮会对这样一个不负责任的男人如此痴情。也许只有亲身经历过这样的爱情，才能懂得珍妮内心的真切的想法。即使是身边有了嗷嗷待哺的孩子，即使是自己的身体已经不允许自己如此长途跋涉，执着的珍妮依旧会抛开一切，去寻找那个不负责任的人。

母亲去苦苦寻找父亲，可可·香奈儿与兄弟姐妹只能托付给亲戚照顾，寄人篱下的日子总是不好过的。年幼的孩子，渴望父亲的慈祥、母亲的疼爱，他们不需要什么锦衣玉食，也不需要豪宅金钱，只要自己的父母在身边陪伴。可是这些，可可·香奈儿都不曾拥有。陪伴她的，只有心中的不平和奥弗涅的墓地。

是的，墓地。人们印象里阴气逼人、甚至是有些荒凉恐怖的墓地成了可可·香奈儿的王国。小小年纪的可可·香奈儿并不害怕墓地的阴森与恐怖，而是爱上了独自在墓地的时光。她将自己扮作统治国家的女王，而那些沉睡在墓地里的灵魂便是香奈儿王国的子民。偶尔，可可·香奈儿也会将自己已经有些破旧的布娃娃带到墓地，让它们静静地坐在墓碑旁边，让它们欣赏自己女王的气场，倾听自己与"灵魂"的交谈。

多年以后，可可·香奈儿将自己童年时在墓地里的想象演变成了现实。她真的拥有了自己的香奈儿王国，在以双 C 为标志的王国中，她就是主宰一切的女王，即便是多年后的今天，那个可可·香奈儿创造的王国依旧不曾衰败，而忠诚于王国的子民，遍布大千世界的各个角落。

也许，那个在墓地里的小女孩已经经历过太多的心酸与不易，才让她如此坚强。那些沉睡的灵魂与破旧的娃娃是童年可可·香奈儿唯一的寄托，她的整个世界就是奥弗涅村的墓地。现实的生活该是怎样的残酷与痛苦啊，让一个年幼的女孩享受独自在墓地里幻想时光。

慢慢地，可可·香奈儿开始沉醉于自己在墓地里当女王的美好时光，也开始不满足于自己国王的现状。除了沉寂在墓地里的亡灵和不会说话的布娃娃，可可·香奈儿还会从家里偷偷拿出鲜花和其他王国里所需要的东西。

那一片荒芜阴冷的墓地，成了可可·香奈儿最喜爱的驻足点，那一片孤寂荒漠的坟冢，成了可可·香奈儿童年的载体，诉说着她童年时光中最快乐的片段。

在可可·香奈儿家人的眼中，这个小女孩太不可思议了，大家认为她是一个异类，一个坏孩子。

有时候，不同于常人才能更加辉煌与传奇，可可·香奈儿就是如此。

隐约中，或许我们能够理解，为何小小年纪的可可·香奈儿能够享受墓地王国。而一座没有爱的村子——奥弗涅，成为了可可·香奈儿人生中最刻骨铭心的地方。在奥弗涅，可可·香奈儿看到了苦苦痴迷、苦苦追寻爱人的母亲，也体会到了寄人篱下的艰苦生活。那个小村落，记载着一个人最难忘的童年时光，而对于可可·香奈儿来说，那却是一段永远不愿回忆的悲苦岁月，尽管也有着她刹那间的欢愉。

或许，命中注定，这样的女子，要经历刻骨铭心的不幸时光，才能成就未来卓越的名望。我们在庆幸可可·香奈儿带给我们美丽与时尚的同时，却也因为她的不幸命运的起始而感到心酸。

好坏交错、悲喜交加，这才是生活的真谛。而生活带给可可·香奈儿的痛苦，还远远不止这些。

「 生活变故 」

母亲去世时，她死过一次

　　不知道从什么时候起，一抹无边无尽的黑色成了时尚界的新宠，与那些色彩艳丽的服饰相比，黑色赋予了它们神秘和经久不衰的资本。当诸多的色彩凋落在时代的浪潮中，唯有黑色，能够屹立不倒，始终如一。

　　黑色，它是如此的包容可以覆盖住纸张上的杂乱，也可以遮掩住衣服上的脏痕，然而黑色，也会带给人漫无边际的孤寂与失落的痛苦。

　　对于童年时候的可可·香奈儿而言，生活就是一片黑色，望不见前方光亮的坦途，也摸不到希望之门。想要寻找到一个释放自己的出口，可是眼前的一切都在打压着她幼小的心灵。

　　骨子里，她有着香奈儿家族的执着，或者说这不是执着，而是执拗。

　　尽管可可·香奈儿已经有了自己的墓地王国，可是她还是想找寻到一个没有痛苦、任自己释放的地方。小小的可可·香奈儿太缺少爱了，她需要父亲的爱，需要母亲的关怀，需要安稳的生活，需要一个温暖的拥抱。或许这些她都需要，或者她也都不需要，只要她自己，她需要用自己的强大与坚强来支撑自己继续走下去。童年的可可·香奈儿充满了神秘，让人好奇，也让人猜不透。吸引着千千万万的人想要读懂她的童年时光，却依旧是在觉得接近正确答案的时候，又给予了自己否定。因为人们觉得，她是灵魂不羁的女子，不该这般的平庸。

　　灵魂不羁，可可·香奈儿在生活的路上踽踽独行，苦苦挣扎。

　　日子依旧如此，母亲珍妮也依旧如此，几年如一日地荒芜着自己的青春，只为了那个不负责任的男人。不谙世事的少女，如果能够占卜到未来的命运，就会知道，她选择的这个男人日后会成为她的魔影，将她一步步推向死亡的悬崖。

而对于这段男人滥情、女人卑微的爱情，我们充满了叹惋与怜惜。该怎么形容这样的爱情呢？是可怜，还是可悲，抑或是可恨？为什么这样一个根本不值得付出的男人会让珍妮如此痴迷？为什么明明已经儿女成群却依旧唤不回浪子的那颗心？是珍妮不够好？还是阿尔伯特的心太过于冷血？说不清道不明的感情就在于此，只要我们不是爱情里的男女，就无法体会这样的心境该有多么的噬人心骨。

在很长的一段时间里，珍妮都没有见到过阿尔伯特。这样的爱情与生活在我们看来似乎有些不正常，但珍妮却依旧坚守着。很快，一年过去了，久久不见丈夫归来的珍妮开始按捺不住，坐立不安。各种各样不安的想法开始涌上心头：他是不是已经忘记了自己和这个家？他在外面是不是又有了别的女人？那个女人是不是比自己还要漂亮？心里受着相思的折磨，人也就如同秋日的花朵，日渐衰败。憔悴不堪的珍妮终究还是抵不过心中的不安与思念，无视家人的劝说与年幼的孩子，毅然踏上了寻找丈夫的路。

贫穷的年代，家里面每多一张吃饭的嘴，对于底层劳动人民来说都是一个不小的负担。这一次，珍妮的亲戚们不再愿意帮助她照顾年幼的孩子了。不得已，珍妮只好带上两对儿女，与她一同穿越半个法兰西共和国，去寻觅阿尔伯特的身影。

此时的珍妮，对那个男人还充满着幻想。因为阿尔伯特在写给她的信中，为她勾勒出了一个美好的未来：自己与兄弟共同经营着一个小小的酒馆，如同香奈儿的曾祖父一样。他有了自己的事业，虽然不算大，赚钱也不算多，但是安稳。能够安稳，对于珍妮而言，就是最好的未来。

然而当现实摆在眼前，一切的美好幻想如同镜子碎裂一般，支离破碎，满是伤痕。珍妮不得不承认，阿尔伯特在对自己说谎，而且那谎言荒谬至极，因为他只是小酒馆里一个打杂帮忙的小工，一个跑堂的伙计，何谈经营酒馆，何谈改变窘迫的生活！

一个人既然做出了选择，就要对自己的选择承担后果，无论是好是坏。珍妮不顾家人的劝说，与阿尔伯特厮守终身，也不顾家人的劝说，一次又一次地原谅阿尔伯特，一次又一次地追寻着他。这是珍妮自己做出的选择，而现在，眼前和自己经历的一切早已经说明当初的这个选择是多么的错误，多么的可笑！可事已至此，珍妮也只能将苦水咽下去，她没有颜面回到家乡投靠亲戚，只能继续着往日奔波忙碌的日子，为的只是能解决温饱。毕竟，生活再怎么不幸，还是要活下去。

如果人生不幸一下子跌到了谷底，人们总是祈祷着自己能够起死回生。珍妮也是如此，在希望与幻想中过着这难熬的日子。然而这一次她似乎是伤得太重，一次又一次的打击，让人难免会对生活失去希望。

长久的心力交瘁使得珍妮比同龄的女人显得苍老许多，岁月在她心里留下的伤疤已经逐渐显示出它的力量，额角开始悄无声息地爬上了皱纹，一双手粗糙不已，那没有营养滋润的头发也显得如此枯燥无光泽，而最可悲的是珍妮的双眼，一双明眸没有了少女的清纯和简单，取而代之的是岁月的沧桑和生活的无奈，令人徒增哀怜。

生活如此不堪，倘若能够得到心爱人的关心与体贴，或许珍妮的日子还能够好过一些，至少她的心里会得到一丝的安慰。但命运似乎在刻意折磨着这个不幸的女人。憔悴让珍妮彻彻底底失去了阿尔伯特对她的注意与吸引。如果说从前的珍妮没有得到过阿尔伯特的爱，但至少对于这个女人，阿尔伯特还是有些感觉的。而现在，没有了亮丽的容貌，没有了健康的身体，阿尔伯特开始厌倦珍妮了。没有了感情作为基础，冷漠的阿尔伯特对珍妮的身体健康状况不闻不问，甚至对她拳脚相加，丝毫不念往日的情分，也不在意她为自己传宗接代，为香奈儿家族诞下了一群儿女。

生活的艰苦与身体的每况愈下，再加上阿尔伯特的暴行，一切的一切让珍妮开始承受不住了，时常被疾病折磨的她开始大病小病接连不断。不久之后，珍妮已经不能如正常人一样生活了，只能卧床休养。1894 年的严冬，珍妮更是患上了支气管炎，连续几天高烧不退。没有条件就医，也没有条件增加营养，珍妮就这样奄奄一息，等待着死神的来临。

生老病死，人之常情，从来没有一个人可以摆脱这个自然规律。就算是拥有无尽财富的人也不能改变，纵是拥有一切也终有绝尘而去的那一天。世间俗物生不带来，死不带去。人生在世，能够拥有的只有活着的这个过程。

人世间，唯有疾病与衰老一直伴随着人的一生，摆脱不了，因为这是最常态的生命。美好易逝，只有衰老和病痛喜欢与人为伍，自然界的规律向来如此，令人无限感伤。

疾病与贫穷，使珍妮心力交瘁，雪上加霜。珍妮的生命走到了尽头。1895 年的 2 月份，严寒已经慢慢退去，春的气息渐渐浓重了，春暖花开的日子就在眼前。可是珍妮却在卧病的阁楼里，香消玉殒，永远地离开了这个世界，离开了香奈儿。

对于有些人，生是一种希望；对于有些人，死是最好的解脱。人活时，被七情六欲所牵绊，珍妮这短暂的三十一年，近一半的时间是为阿尔伯特而活，她渴望这个男人带给她重生。可与他为伴的十五年，在一起的日子少得可怜，得到的爱更是微乎其微。如果身累的话，或许休息一下便可以拥有勃勃生机，可是心累呢？当你无法改变别人也无法改变事实的时候又该怎么办？或许，结束这种痛苦才是最佳的选择。于珍妮，死亡便是解脱。与其痛苦地活着，不如做一个亡灵，至少，再没有痛苦。

生老病死，人类摆脱不掉的起始与结局，这是永恒的话题，也是大自然给我们的不能更改的命题。变幻莫测的世间，你永远不会知道，这一个街角转过去，你将会看到怎样的景象；你也永远不会知道，风平浪静的背后，隐藏着怎样的狂风暴雨。或许是惊喜，或许是噩耗，而到底是惊，是喜，或许只是我们的转瞬之间。

就这样，可可·香奈儿的母亲珍妮与世长辞了，三十一岁的年轻生命就这样戛然而止。如此一生，何其悲凉。生命的逝去，悄然斩断了她所有的牵绊。或许该庆幸，如果生命这样的痛苦不堪，便无须留恋，因为结束痛苦，便是对自己最大的拯救。

已故的人得到了解脱，活着的人还要承受痛苦。失去了母亲，可可·香奈儿仿佛一下子失去了所有，她的世界，一下子变得空荡荡。

在可可·香奈儿的记忆中，母亲珍妮的形象始终是模糊的，是孱弱的。可这并不代表她不爱自己的母亲。追随着母亲的灵魂，可可·香奈儿的心也如同死过了一次一样。多年后，当可可·香奈儿回忆母亲珍妮离世的情景，仅仅两句话便让人震惊于香奈儿对母亲珍妮的爱：我的一切都在这一天被夺走了。那时，我就已经死过了一次。

没有冗长的哀悼词，没有连成串的眼泪，简单的两句话却带着巨大的力量，震撼人心。从古至今，不知道多少人想摆脱生老病死的折磨，有人利用宗教信仰来安慰自己的心灵，有人想尽各种办法想要得到长生不老的药方，却没有人成功。因为自然界的力量是那么强大，从来没有人可以战胜大自然神秘的力量。或许内心当中，可可·香奈儿在懊恼自己的弱小，她不能让母亲摆脱疾病，不能让母亲陪伴自己。于是，对于珍妮的病痛与衰老，可可·香奈儿更加痛心，更加悲伤。

她是非常爱着自己的母亲珍妮的。

诀别母亲，独自在黑暗中矗立，可可·香奈儿的心中备感凄凉。静谧的夜，仿佛在黑暗中透露着神秘的色彩。侵吞一切的夜，能将人的哀思悄悄掩藏。已是2月份的光景，气温已经变得温暖，沉积的白雪也已经融化。强劲的风吹动着草木发出瑟瑟的声音，忽远忽近地飘进耳中，那是永别的味道。

没有了母亲，可可·香奈儿只能将目光转向了那位自己叫他父亲、但却从来不曾给予自己父爱的男人——阿尔伯特。她祈求阿尔伯特能够带自己离开这里，离开这个让人伤心的地方。然而那位风一样的男子只顾自己去美国寻找所谓的自由与快乐，不顾年幼的孩子失去母亲，将可可·香奈儿与姐姐如同不要的物品一样丢弃在了孤儿院门口，两个幼小的弟弟妹妹则被留给了同村的陌生人抚养。

对于自己祈求父亲留下的那一刻，可可·香奈儿始终不曾忘记。父亲阿尔伯特就是这样一个人，对谁都油嘴滑舌，不曾说过一句真话。如同当初对母亲许下的美好诺言一样，父亲也给可可·香奈儿许下了诺言：等自己在美国混出了名堂，赚了大钱之后，便回来接可可·香奈儿。

可是，阿尔伯特这一走，便杳无音信。

人生，就是由一个又一个的等待组成的。彼时的可可·香奈儿，等待的是父亲阿尔伯特不会实现的诺言，那个带她一起去美国生活的诺言。

也许可可·香奈儿不愿意相信自己在失去母亲之后，又遭到了父亲的抛弃。于是，父亲临别的那一番许诺成了可可·香奈儿等待的动力，尽管她心中清楚地知道，这只不过是父亲摆脱自己的说辞，只是一个永远不会实现的诺言。

成年后的可可·香奈儿对于父亲当时的做法有着自己的理解："父亲有了重新开始生活的机会，他又组成了一个家庭。我认为一个40多岁的男人在这方面很难做到忠贞不贰。他何必担心他的儿女呢？他还有其他孩子。换作是我，也会这么做的。"

似乎，红颜薄命成了世间不变的定律，这样一位聪慧勇敢的少女，也注定逃脱不了命运的悲剧。

与那些潇洒豪爽的男人相比，可可·香奈儿只是一个柔弱的女子；与那些出生在王室的贵族小姐相比，她也只是一个命运悲苦的女子。而唯一让她与众不同的，便是那清纯精致的素颜和卓越的才华天赋。上天赋予她别人没有的才情，是对她的恩赐，也是对她的惩罚。

或许，有些女子会出生在富足家庭，备受宠爱，从此享受荣华富贵；或许，有些女子，会安排嫁给上流社会的王室贵族，此后也可以衣食无忧。只是这些，都不是属于可可·香奈儿的。上天赐予她斐然的才情，却没有给她安排一个安稳平静的生活。

现在，就连唯一的那个摇摇欲坠的家也没有了。就这样，可可·香奈儿成了一个孤儿，从此在世间她只能依靠自己，为自己而活。

黑色的生活，黑色的童年，就连奥巴辛孤儿院里统一的衣服，都是黑色的。每日准时准点的祷告与严苛的纪律成为奥巴辛的标签。修女们像是不能说话的木偶，无声无息地吃饭，无声无息地祷告，无声无息地做着该做的事情，丝毫不越格。阴森的教堂潮湿而晦暗，那些石板与墙壁像是结了冰一样，阵阵寒意让人毛骨悚然。仅有的几扇窗也并不那么明亮，阳光透过画有几何粗线条的玻璃折射进来，能汲取的温暖楚楚可怜。高高的院墙阻挡了奥巴辛与外界的来往，处在高山上，就像是孤立无援的求救者。而高墙之外，放眼望去，满目尽是高大的树木森林，望不到远方，也看不到希望。

刚刚失去母亲的可可·香奈儿就在这里过着枯燥乏味的日子。唯一值得庆幸的是，自己再也不用为温饱而苦恼，也不用担心哪一晚会没有自己睡觉的地方。

如果，可可·香奈儿的时光能够静止在这一时刻该有多好；如果，故事能就这样的结束该有多好；如果，她不曾经历那些凄苦断肠的世事该有多好。可如果就是如果，人世间最不切实际的就是如果。

而那个名字叫作奥巴辛的孤儿院，就这样成了可可·香奈儿的港湾，给予了她父母没能给予的安稳。黑暗中，摒弃了那些往日的心酸与不幸，未来的日子还是一个未知数。

漫漫长路，人生的旅途需要一步一个脚印去涉足。可仅仅是一个童年，可可·香奈儿走得太不容易。星移斗转中，她看尽了人间冷暖。一年又一年的寒来暑往，有着她憧憬的美好，有着她希望的目光，也有她失望的泪水。颠沛流离，让她身心俱疲。当一个人经历了太多的风雨之后，只想简单地拥有一份如水的心境与安宁。无论你拥有怎样多的钱财，无论你是怎样的身份地位，到头来，那些身外之物都会成为过去，唯有心中的那份安宁，才是永远的精神故乡。

正是如此，小小年纪就经历了太多事情的可可·香奈儿，早已经随着时间的推移，随着一次又一次的考验，看透了许多事情，也看淡了许多事情。她不喜欢被人抛弃，更厌恶那些虚伪的人与话。骨子里，她想与这些人划清界限，想与自己悲惨的过去划清界限。因为不想自己再重蹈过去的痛苦，过那种自己曾经最讨厌的日子。

是的，是曾经，现在的一切都有属于自己的曾经。曾经寂寥的孤儿院，如今却成了唯一可以给可可·香奈儿温暖的地方；曾经那个自己口中的"家"，如今却早已经不复存在。或许，它根本就没有完整地存在过。

「 精神依托 」
在童话世界里寻找自己

生活是多么的残酷，它可以让一个曾经温馨的家庭因为柴米油盐的琐碎而破裂，也可以让往日活泼开朗的少年因为现实的压力而郁郁寡欢。生活让人们饱尝辛酸，而辛酸过后，人们逐渐学会了去伪装，将自己严严实实地掩藏在面具之后。有些时候，我们明明自己的心里很难过，却还要假装微笑，明明自己的心已经疲惫不堪，却还要装作朝气蓬勃的样子。而如此伪装，也仅仅是为了不让自己受到伤害而已。

没有了父母，没有了家庭，没有了兄弟姐妹，可可·香奈儿在孤儿院的日子显得有些寂寥，寂寥中又隐隐约约夹杂着一丝丝的悲凉。群居的人类，是需要陪伴的。不然日久天长，便会被形单影只的落寞而封锁。好在此时的可可·香奈儿有着一个亲密的朋友为伴。不是默不作声的布娃娃，也不是墓地里的亡魂，可可·香奈儿的朋友，是一个同她自己志同道合的人——她的姑姑艾德里安。艾德里安的陪伴给了可可·香奈儿真实存在的温暖与亲情。

与其说艾德里安与可可·香奈儿是姑侄，倒不如说她们更像是感情深厚的姐妹。可可·香奈儿的祖父有 18 个孩子之多，姑姑艾德里安是其中最小的一个，她仅仅比可可·香奈儿大两岁而已。

对于这个与自己差不多年纪的姑姑，可可·香奈儿将她视为自己最要好的朋友。年纪相仿的两个小姑娘，在一起总是无话不谈。但是，这两个小姑娘却是性格极为相反的两个人。

姑姑艾德里安是一个大方而且亲切的姑娘，温婉的她总是那么让人容易接触。相比之下，可可·香奈儿就显得有些拒人于千里之外，会让人产生距离感而难以接近，甚至显得不那么友好。也许，这是可可·香奈儿一种独特的自我保护的方式吧，只因不想让别人窥探到自己的脆弱。也许，对于可可·香奈儿这样的孩子来说，由于姑姑艾德里安这样平易近人的伙伴，才会让她在孤儿院的日子里，不那么形单影只，艾德里安，也成为了可可·香奈儿唯一从内心里喜欢和在乎的人。

难得可可·香奈儿还能够拥有知心的朋友，因为童年的遭遇让可可·香奈儿几近封闭了自己的内心，没有爱的日子让她只能依靠自己，倔强的她发誓不再接受任何人的怜悯与同情。

生活在熟悉而又陌生的地方，谁都不会那么的坚强，也许嘴上淡然地说着没关系，内心却在承受着不知怎样的煎熬痛楚。即便是一个内心再强大的人，也会有那么一个点，深埋于心，一旦触碰，所有的坚强伪装就都会土崩瓦解，碎片满地。脆弱的内心，如此不堪一击。

于是，聪明的人们学会了寻找精神的寄托，他们享受在它的面前完完全全展现自己，如同一张白纸。在它的面前，不论是谁，也不必装模作样。

他们，仅仅是自己而已。

这是属于可可·香奈儿的路，命运早已经将它铺就好，只等可可·香奈儿一步步去经历。命运的悲惨、生活的残酷，这一切都是上帝给予可可·香奈儿的考验，唯有经受住磨难的摧残，才能成就来日的辉煌。

这是不可选择的，人活于世，身不由己最无奈。

世间有多少人身不由己，他们没有办法选择自己的人生道路与出身。那些生活在孤儿院和修道院的孩子都是贫苦的百姓之子。若是家境尚可维持，没有哪一个父母会将自己的孩子送到这种教条严苛的地方，忍受骨肉分离之苦。人们会从心底里怜惜这样的孩子，他们像是被禁锢住的顽皮精灵，若不是沦落到这样的地方，他们的命运会像他们的心灵那样美好。

这是一个无从知晓的答案。人生啊，还是现实一些吧！经历的都需要经历，面对的都需要面对。无论坎坷磨难，无论光明坦荡，不过都是几十载，匆匆而过。而当你步入老年之后，就会经常回忆起曾经的岁月，那个时候的你，会看透很多事情，不论是快乐的还是悲伤的，都一并成了永远的回忆。

驻足回望，那是很久以后的事，而眼前，可可·香奈儿沉浸在一个人的童话世界里。

虽然居住在与世隔绝的奥巴辛孤儿院，但是在节假日里，可可·香奈儿还是有机会到姑妈露易丝的家里做客的。在姑妈露易丝家中的储藏室里，可可·香奈儿找到了属于自己的世界。那个储藏室里有着各种各样色彩艳丽、花花绿绿的画报和许许多多的书籍。仿佛发现了巨大的宝藏一样，可可·香奈儿一下子就喜欢上了这里。一间不起眼的储藏室，激发了可可·香奈儿的想象力，也开启了她的理想之门。

五彩斑斓的世界与现实的灰暗是那么的不同，就像是一个充满童话色彩的王国，让可可·香奈儿心中的狂躁与愤怒得到了解脱。此时此刻，阅读丰富多彩的书籍成为了可可·香奈儿一种精神的寄托。

毕竟去姑妈家的日子是少数，更多的时候，可可·香奈儿还是幽禁般地被困在奥巴辛孤儿院。没有书和画报的无聊日子该怎么打发？聪慧的可可·香奈儿也想到了解决的办法：她会在姑妈家里把刊登在每期报纸上的连载小说用剪刀剪下来，然后按照出版的顺序装订成书，带回孤儿院。

时光匆匆，倏然划过，这段时间，可可·香奈儿的生活可谓是从未有过的安宁顺和，她不用为生活发愁，也无过多的烦忧，她可以尽情地沉浸在书籍的海洋中，汲取自己所需的能量。

悠悠时光下，一份难得的宁静让人暂时忘却了过去的烦恼与未来的担忧。安静地坐在阁楼里，轻轻地翻看那些自己整理的小说，此时此刻，可可·香奈儿就像是一个拥有了心爱玩具的孩子一般，心灵得到了极大的满足。那些故事里的男女主人公正在经历着痛彻心扉的爱情，可可·香奈儿也像主人公一样深入其中难以自拔。抬头望一望窗外，少女可可·香奈儿的心早已经跟随故事里的人物飞向了远方，飞向了梦中。梦里，没有现实的烦恼与忧愁，充满了激情与梦想。

虽然这只是一个梦，但可可·香奈儿愿意沉浸在这样的美好梦境之中。有些时候，可可·香奈儿还会将自己看到的故事讲给最好的朋友艾德里安听，或者是奥巴辛里自己的同学们。绘声绘色的演绎，再加上自己独到的见解，每一次与同学的交谈，可可·香奈儿都充满了激情与生趣。周围的人们开始感到惊讶，惊讶这个侃侃而谈的可可·香奈儿的变化，她不再是从前孤僻冷漠的样子了，眼前谈论小说的可可·香奈儿，更像是一个精力充沛的演说家。

小说让可可·香奈儿爱不释手，久而久之，沉浸在书籍里的可可·香奈儿的情感也发生了转变，她找到了自己，找到了自己真正想要的是什么。

"我现在的文化意识和智慧都不是通过老师在课堂上的传授而得来的……我从这些小说中知道了我们该如何生活，它们造就了我的多愁善感和傲气。我从来都是一个自学的人，我独自领悟出了书本上学不到的知识……当生活使我接触到一些在我的时代最为优雅和最有天分的人物时，比如斯特拉文斯基、毕加索等，我并没有自觉愚蠢，也没有感到拘束。"

或许对于老师的循循善诱，生活与经历本身给予我们的知识与道理更加让人刻骨铭心。

正值花季年龄的可可·香奈儿不止一次地幻想自己的王子是什么模样，是风度翩翩还是幽默风趣，抑或是高大威猛……他会穿着笔挺的西装，绅士一样地等待自己的出现，而自己就是幻想世界里的女主角，等待着男主人公的到来。他会温柔地伸出双手，牵着自己，带自己离开这个灰暗而又压抑的生活。去向那未知的远方，从此过上童话世界里的幸福生活，不再有痛苦，不再有流离，彼此相依伴，执手到白头。

像是高崖的瀑布般，一路奔腾，一路跌宕，高潮起落。年少时都是激情澎湃的清水，怀着一颗渴望不被束缚的心，想要到那悬崖下去看一看，那里究竟是一个怎样多彩的世界，这般奇妙地吸引着人。

或许，无论是怎样的世界，怎样一番景象，都好过现在所处的环境吧！可可·香奈儿不愿再过那种温饱都不能解决的日子，不愿意再颠沛流离，居无定所。尽管这些孤儿院都能够给予，但是过分的压制和教条，没有爱的日子，再加上遗传了父亲的那种不安分因子，都让此时的可可·香奈儿无比地渴望自由自在，渴望过上上流社会的生活。

初春三月，雨淅淅沥沥，连绵不停，那是上天对草木花朵的恩泽，似有似无的嫩绿覆盖了严冬的荒芜。这样一个充满希望的季节，香奈儿越发想要离开这里，离开这个束缚自己的奥巴辛，勇敢地去寻找自己的希望与童话。

而岁月这个无情的东西，总是将人的希望慢慢磨灭，只留下一具残破的躯体垂死挣扎着。有的人忍受不了这种煎熬，慢慢地放弃当初纯真的梦想，成为曾经自己最厌恶的那类人。当然他们保全了自己，走着平稳的仕途。在别人看来实在是风光无限，只有他们自己知道心中的苦闷，不得已而为之，那也是一种痛苦。世间太多的身不由己，太多的悲欢离合，生命却是匆匆数十载，稍纵即逝。或许当弥留的那一刻，才能清楚自己到底得到了什么，失去了什么。不知道多久之前，那些最珍贵的东西已经丢了，却不知道自己当初为何那样选择。

可是，时尚女王可可·香奈儿，在小说的童话世界里找到了真正的自己。能够有梦想去追寻，这是一件值得庆幸的事。现在时过境迁，幼年的格格不入渐渐消失了，可可·香奈儿已经成为一个拥有梦想并敢于去尝试、去拼搏的少女。

　　她就像是一个另类，她不愿意改变自己的初衷。那个不幸的生命出场，已经是她最不愿回忆的过去，不幸的童年足以成为可可·香奈儿生命中无法触及的痛。未来，她要深埋那些不愉快的过往，成为真正的女王，主宰她的国度。

　　也许真的，梦想是用残酷现实支撑着的，所以这个世界少了幻想万万不可。而幻想是用来破灭的，童话总会在现实面前破灭，而成熟的人们却永远不甘心绝望……

| 第二章 生命暖色 |

没有熬不过的黑夜

「 倔强梦想 」

用丝线缝纫荒芜的青春

我们不想长大，却一定会长大。细碎的脚印深深浅浅，歪歪斜斜，拼凑成了一条成长的路，而成长路上最美好的时光总是短暂易逝。每一个人现在所经历的每一分每一秒，都是未来日子里最青春的岁月，永远无法替代。

在奥巴辛的教堂里，香奈儿熬到了 18 岁。

18 岁，一个花一般的年纪。美好的生命才刚刚开始，羽翼已经丰满，怎么能安分地守在冰冷的教堂里？他们渴望自由，渴望外面的缤纷世界。

如果愿意未来的日子里当一名修女的话，你就可以继续留在奥巴辛生活，然而有着梦想要去实现的可可·香奈儿不愿意成为修女。当那些与自己同龄的女孩子被修女们送走之后，可可·香奈儿开始期待自己的未来。但是，可可·香奈儿只不过是从一个修道院被送到了另一个修道院，仅此而已。现实并没有像她自己所期待的那样，可以重获自由，可以任由自己支配自己的生活。

离开奥巴辛，那个接收可可·香奈儿的修道院在穆兰。

穆兰，一个坐落在法国中部奥弗涅大区的城市、阿列省的省会，一个宗教氛围十分浓重的地方。

在可可·香奈儿所处的年代，穆兰从一个公爵的庄园变为一个发展前景良好的大都市。大批的驻地军官先后涌入穆兰，让这个原本的宗教城市换了一副新的面孔。这里的生活相对于香奈儿以往居住过的城市，更加多彩多姿。19世纪的穆兰，每每到了节日，当地的居民都会举行大规模的聚会。显然，这里更符合香奈儿的理想之地。

不仅如此，就连穆兰的修道院，也不同于其他的地方。或者说，可可·香奈儿即将生活的修道院更像是一所女子学校，只不过这里招收的学生条件都是有一定要求的。不像是在奥巴辛，大多的孩子都是家庭贫困的，每个人的身份地位都差不多。也就是这一点，让可可·香奈儿十分接受不了。每时每刻，她都觉得自己像是受到了莫大的羞辱。因为贫穷的她想要在这里学习和生活，就要接受其他人的救济，而自己也要通过一些劳动作为对于这些救济的回报。让可可·香奈儿不舒服的地方还远远不止这些，无论是吃的食物还是穿的衣服，可可·香奈儿都要比其他女孩了差一些。似乎，自尊心极强的可可·香奈儿想要在这所修道院里生活比在奥巴辛还要艰难。无论是哪一个角落、哪一条规矩，都在时时刻刻地提醒着香奈儿，自己与别人相比是多么的不同，自己的身份是多么的卑微低贱！何况曾经发誓不再接受别人怜悯的她，现在却要通过做家务而报答别人的救济与施舍。

难熬的日子度日如年，可可·香奈儿就这样一天又一天地忍受着煎熬，时光流逝，可每一天都是一个模样。循规蹈矩的生活中，只有和姑妈露易丝去维希采购的时候，才会有些快乐可言。

也许，可可·香奈儿的天赋遗传于香奈儿家族。姑妈露易丝是一个心灵手巧的女人，颇有设计天分，而且她的手工活也做得极其出色，尤其是缝制帽子。露易丝对于帽子有着着迷一般的喜爱。每隔一小段时间，露易丝就会去维希大肆采购一次。维希是一个以水疗和度假而闻名的城市，也是一个时尚之都。每一次来到维希，露易丝都会在敞亮的落地橱窗前流连忘返。然后到材料店买一些材料回去，按照橱窗里的样品，做一些款式新颖的时尚帽子。

有时候，艾德里安和可可·香奈儿也会随同露易丝一同去维希采购。每一次的出行对于可可·香奈儿而言，都是激动而兴奋的。都市里热闹的景象，大街上的人来人往，橱窗店里的琳琅满目，都让可可·香奈儿的脑海中充满了无限遐想。她渴望自己也能够过上这样的日子，跻身上流社会，衣食无忧，可以随心所欲地逛街，买下那些自己喜欢的物件。

　　经历过最好之后，即便是下降了一个档次，也很难让人接受。从维希回到穆兰的修道院，可可·香奈儿心中的无限落差油然而生。那些被人强迫在阴暗房子里做手工的日子更是让可可·香奈儿愤恨不已。无休止地缝缝补补，缝纫机器吱吱呀呀的声音，不见天日的劳动环境，让可可·香奈儿更是颇为不满。她不愿意做这些工作，机械式的劳动，永远缝补不完的布料让她感到枯燥无味。但是每当可可·香奈儿提到为自己缝制嫁衣的时候，那种欢愉和快乐却是真真正正从心中迸发的："在毛巾上绣上自己名字的首字母……用俄国的十字绣在我的睡袍上绣上图案，想象着在新婚之夜我穿上它的样子……"

　　每一个女人都会无数次地幻想自己出嫁时的样子，少女可可·香奈儿也不例外。但是故事后面的可可·香奈儿，却不曾婚嫁，一辈子被人称之为香奈儿小姐。

　　在准许离开修道院的前一年，修道院院长将可可·香奈儿和姑姑艾德里安推荐给了一家时装店，作为实习的店员。尽管还没有完全脱离修道院，但至少可可·香奈儿可以暂时离开这让她感到羞辱的地方，到大城市看一看外面的世界。

　　修道院院长选择的那个店坐落在城里最繁华的地方。经营这家店的德斯波特恩夫妻俩在城里是有地位的人物。能够走出狭小阴暗的修道院，能够接触到上流社会的人，想到这一切的一切，都让可可·香奈儿的心中兴奋不已。似乎，崭新的生活正在向她招手。

　　平日里，可可·香奈儿与姑姑艾德里安在德斯波特恩的店里打工，晚上也寄住在德斯波特恩夫妻的家里。然而，现实总是与梦想有着距离，期望越大，失望越大，这个真理永远不会改变。

一切都在朝着可可·香奈儿的理想进行，可是实际上的情况却并不如可可·香奈儿所想象得那样完美。从小地方来的可可·香奈儿与艾德里安身上似乎充满了浓浓的乡土气息，她们并不时尚，也不懂时尚。从她们的衣着打扮就能够看出，她们是贫穷人家的孩子，所以在销售的时候，可可·香奈儿与艾德里安受尽了那些上流贵妇的歧视与不屑，甚至还有无情的嘲笑。可是为了生活，她们还要逼迫自己去强颜欢笑，去讨好那些所谓的上流社会的人。

这样的日子过得实在是太累了，完全不是可可·香奈儿最初预想的那般。这样工作了一段时间之后，可可·香奈儿终究还是忍受不了被人监视的生活，她更不喜欢自己讨好别人的那种感觉，于是，遗传于父亲阿尔伯特的那不安分的因子又开始作祟，已经 20 岁的可可·香奈儿决定不再受人限制，她做出了一个大胆的决定：离开这里，抛弃现在不快乐的工作，去一个自己喜欢的地方开始新的生活。

人生，从来都不如初见，而每一个昨天都是今天的前任，所以一路走来，我们反复练习的是，明天你想成为什么样的人？

这个问题对于香奈儿，太值得思考了。到底要成为什么样的人？反正不是现在这样一副讨好的嘴脸，被人像奴隶一样地监视。至少，要活得自我一些，这样才对得起曾经承受的苦难。

于是，在那个多情的季节，穿过大小不一的店面与街道，一个拥有不羁灵魂的女子带着她的行囊，回到了穆兰，并找到了一份普通的缝纫女工的工作。

在那个时候的穆兰，缝纫女工是最普通而常见的工作。因为对于缝缝补补这样的事情，女人们再熟悉不过了，当一名缝纫女工也并不是什么有技术含量的工作。也正是因为如此，这份工作虽然好找，但薪水却少得可怜。一份缝纫女工的工作根本不足以维持日常的花销。可可·香奈儿与艾德里安开始了忙碌的生活，平日里成为缝纫女工大军的一员，休息日还要到城里的一家裁缝店做兼职，来补贴缝纫女工的微薄收入。

剪裁得体的布料，细密的针脚，20岁的可可·香奈儿做着上了年纪的家庭主妇才会做的事情。枯燥乏味的工作让可可·香奈儿时常感到生活的乏味。自己才刚刚20岁，才刚刚离开监狱一般的修道院，她的人生还没有开始。难道，就这样在缝纫机前做一辈子的女工吗？不，这不是可可·香奈儿想要的生活，也不是属于女王的人生。

青春被荒芜，这是可悲而又浪费的。一针一线，香奈儿在缝纫自己那荒芜的青春。时不我待，岁月不等人，又怎么能够甘心于此？但此时的可可·香奈儿，找不到希望的方向，未来的自己该去哪？又去做些什么？茫然、无助、理不清的思绪让香奈儿觉得自己是被上帝抛弃的人，想要前进却找不到通向远方的路。所有通往梦想的门窗都被紧紧地锁上了，任凭自己怎么努力也找不到解脱的出口。

这一次，禁锢的不是可可·香奈儿的身，而是她的心，她的梦想。

有些时候，我们需要明白，当上帝对你关上一扇窗时，我们不要生气，也不要绝望，因为那是上帝在让你练习面壁而已。终有一日，你会找到梦想的出口。那时，当你打开那扇属于自己的窗，你便会惊奇地发现，照射进来的阳光格外灿烂、格外耀眼。

「 真实心声 」
像贵族一样去生活

　　罗纳河在缓缓流淌，静谧的河水不缓不急，像是在对岸边的人诉说着关于这个法兰西共和国的悠久。远处巍峨雄伟的建筑物展示着自己的刚强与坚定，与那身旁柔美的水形成了鲜明的对比。一刚一柔，一静一动，世间万物之美好，不过如此。

　　悠悠的城堡仿佛在水中拔地而起，平静的水面倒映着古老的建筑，得天独厚的条件让它时时刻刻都能看见自己不变的容颜。古堡优雅的身影，静谧而浪漫，到处弥漫着贵族的气息。灯光迷幻的舞会，美轮美奂的服饰，香甜可口的食物，无忧无虑的生活，就连空气里弥漫的都是浓浓的法式风情。百年流逝，古堡依然屹立，一切还似当初。仿佛时间使者在这里格外偏心，对待其他一分一秒不敢怠慢，对待这里，却是偏爱地静止了所有的一切。

　　古堡里那些生活在上流社会的人，对于底层的劳动人民而言，是仿佛神话一般的存在，完美无缺。他们注重社会风俗，懂得品位时尚，他们欣赏艺术，也重视教育的培养。无论是小到一块手帕，还是大到一件家具，甚至是一栋建筑，城市贵族人的生活都是那么的充满神秘，让人羡慕。

　　他们不仅仅追求物质生活，同样注重灵魂的信仰。那种看不见、摸不到的精神代表着一种贵族的尊严和品性，永远不能舍弃。一旦失去，充满内涵的肉体也就变成了行尸走肉的存在。

　　谁独占古堡，那些衣着华丽的王公贵族经历着怎样的家族恩怨，古堡里的爱情是否有一个圆满的结局……一切，在时间面前都已不再重要。

　　这一切的一切，都在时时刻刻吸引着可可·香奈儿。

　　一针一线的忙碌中，可可·香奈儿成为了一位手艺精湛的缝纫女工。埋头工作的她，也成长为了一位亭亭玉立的少女。时光匆匆流逝，唯一不变的就是改变。而想要摆脱这样枯燥乏味的生活的想法，可可·香奈儿却从来没有改变过。她经历过贫穷，经历过动荡，经历过母亲离世，经历过父亲的抛弃，也遭受过无数的不屑与白眼。黑色的童年让可可·香奈儿无比渴望长大后过上上流社会的生活，像所有贵族那样优雅并且高姿态地过着每一天。从心底里，可可·香奈儿也觉得自己不应该这般的平庸，她相信自己骨子里的每一个分子都应该是属于贵族的。自己曾经经历的一切不幸，都只不过是彩虹出现之前的狂风暴雨。终有一天，自己会迎来雨过天晴的绚烂。

　　缝纫女工的生活依旧在继续，寂寞与茫然也还在荒芜中蔓延。内心中那满满的渴望，无处安放，纵使脚下有着用不完的力量，却不知道该将脚步迈向哪个方向。终究，混沌的现实锁住了心中的欲望，分分秒秒里生成了寂寞，渲染着手中的丝线，无边无尽的荒芜感就这样攀附在密密麻麻的针脚里。

　　天生就不安分的可可·香奈儿是寂寞的，也是孤独的。被贫穷生活束缚的她，没有得到应有的关怀和重视。每一天，她眼睛里看到的都是日常生活需要的花销开支，那些数字占据了她的心，她关心的是收入和支出，还有每一天需要的食物，以及对顾客笑脸相迎的热情，和那手中需要自己认真完成的工作。

　　穆兰城里的大批驻军给这个职业带来了无限前景，不知道这是好事还是坏事。成千上万的军人，就需要成千上万的制服。所以那些缝纫女工也都开始忙碌了起来。香奈儿也不例外。在忙碌中，可可·香奈儿的生活发生了不知不觉的改变，因为缝纫女工的工作，也因为军官的到来。

有些时候，缘分就是如此地妙不可言，懂它的人只需要会心一笑而已，无须深究是为何，享受这一刻就好。

不知道是在哪一个周末，可可·香奈儿与艾德里安如同往日一样，在店里与针线和布料打着交道。细密的针脚一行一行积少成多，时光也在这针脚里一点一滴地消磨。平静中，几个年轻的中尉进到了香奈儿工作的店里，他们告诉店主，希望裁缝将他们衣服不合身的地方修改一下。就在他们表明了来意之后，几位年轻的小伙子们开始四处张望，因为他们发现了在隔壁认真工作的香奈儿与艾德里安。或许是平时经常与男人打交道，此时猛然看见如此美丽的少女，年轻的小伙子们立刻被深深地吸引了。

无论是谁，见到那个时候的可可·香奈儿，应该都会被吸引吧！苗条的身材玲珑有致，展现着少女的美好，白皙的皮肤如婴儿般吹弹可破，光滑细腻，小巧的鼻子，红润的嘴唇，尤其是那一双楚楚动人的眼睛，只要一个眼神，便可以将人心俘获。

年轻是可可·香奈儿的资本，而她将这一资本展现得淋漓尽致。

如此美好的少女，哪个人会不动心？更何况是年轻气盛的军官！被从未见过的美好强烈吸引，军官们决定偷偷地向店主打听香奈儿和艾德里安的其他情况，并在某一天上班的路上，小伙子拦住了她们，并像所有爱情的开始那般，向姑娘们发出了观看赛马比赛的邀请。

一切，就在这冥冥之中发生了流转，此时的可可·香奈儿还不知道，自己和贵族生活的距离已经越来越近。

盛情难却，对于小伙子们的邀请，可可·香奈儿和艾德里安虽然答应了，但却表现出从未有过的高傲，对那些年轻的军官爱理不理。

这是大自然的法则，雄性动物总是有着强烈的征服欲。可可·香奈儿与艾德里安越是这样，小伙子们就越是痴迷，骨子里属于男人的征服欲促使他们去挑战这样美丽的姑娘，以期获得她们的芳心。

　　没有人能够对美丽的女子不生爱慕，就像没有少女能够对这样炽热的追求置之不理一样。当一颗天生就向往高雅生活的心与爱情碰撞时，就连那原本没有实体的幸福感都可以变得触手可及，仿佛一如既往的真实存在。慢慢地，美丽的少女与年轻的军官越走越近。从泰恩特到格兰德，那些环境优雅温馨的咖啡屋成了年轻男女经常出入的幽会场所。时尚的装修、极富艺术感的设计，可口的果子露和西点，让这里成为了可可·香奈儿最喜欢的地方。

　　相对于那些高雅甚至有些严肃的歌剧院和戏剧院，可可·香奈儿更喜欢那些大型的咖啡馆。虽然有些嘈杂有些喧闹，但这种场合却很适合像可可·香奈儿这样经常出入集市和市场的人。那些进进出出的陌生人，那些半吊子的表演和污言秽语，多多少少与可可·香奈儿童年成长的地方有些相似。熟悉感让可可·香奈儿尤其青睐这里，而不是像那些让人觉得拘束、需要装模作样的高雅场所。

　　在这里，她可以忘记缝纫女工的辛劳，忘记自己童年遭受的苦难，她只是一个情窦初开的少女，可以随心所欲地和自己倾心的男子谈情说爱、打情骂俏，享受爱情带给自己的润泽与美好。

　　歌德曾在《少年维特之烦恼》中说过，哪个少男不钟情，哪个少女不怀春？此时的可可·香奈儿，就是一个含苞待放的花蕾，她虽不懂爱情，但却憧憬爱情。香奈儿幻想着自己被爱情滋润，被甜蜜润泽，幻想着自己有一天会置身于一个美妙的庄园，任鲜花包围自己，任蝴蝶在身边飞舞。而自己就在这缤纷之中，时而骑马游赏，时而与那个白马王子伫立远望。

　　情窦初开的少女，就在憧憬和幻想之中，用梦想织就着心中的未来。一直以来，可可·香奈儿都想要成为贵族，如此便可以骄傲地好好享受生活，而不是被生活所折磨。而现在，几位年轻军官的到来让可可·香奈儿感受到了上流社会的氛围。那些年轻的小伙子穿着鲜红的马裤，戴着漂亮的大檐帽，他们那笔挺的身材、绅士的礼仪、大笔的金钱，再加上出身的高贵，关于他们的所有一切，都让这两个社会底层的女孩感到无比兴奋与激动，因为他们的出现带给了女孩们前所未有的新鲜感觉，小伙子举手投足间的魅力更是让可可·香奈儿为之着迷，那种高贵典雅，那种彬彬有礼的绅士风格，都不是能够刻意模仿的，而是一种自然的流露。也许，这就是上流社会的人骨子里所散发出的高贵气质。

可可·香奈儿喜欢这样的生活，这种生活带给可可·香奈儿的感觉让她自己很是享受。与出身高贵而且富足的绅士们出入各种场合，让可可·香奈儿有一瞬间的恍惚，自己是不是已经成为上流社会的贵族？

世间的事是不容我们猜测，也不容我们预料的。因为像我们这样的凡夫俗子没有能力，也没有精力，但冥冥之中，这些事情与境遇却又像是巧合一般，那样的让人惊诧。尽管可可·香奈儿出身卑微，过着寒酸而艰辛的生活，但一心想要成为贵族的执念，让这个小姑娘充满了希望和梦想，虽然曾经只是没有社会地位的平民百姓，但现实绕了一圈之后，还是回到了属于它的原本轨道，只是稍晚一些。似乎香奈儿注定要与名媛贵族有着千丝万缕的关系。

久而久之，可可·香奈儿成为了这些场所里的常客，那些她所喜欢的咖啡馆也并不仅仅是一个供人喝咖啡的地方，有些时候，它们还会摇身一变，成为一个音乐厅。

台下的人一如既往地混乱繁杂，台上的人一如既往地放声歌唱，而歌手后面那些女人也一如既往地搔首弄姿。一首又一首地纵情高歌，然后，主唱退场去休息，而台下那些年轻小伙子便趁这个时候走上舞台，开始与那些搔首弄姿的女人打情骂俏。

生活所迫，那些女人需要钱去维持生活，于是她们选择了这种方式：在舞台上摆出一些具有挑逗性的姿势来吸引人。在那个遥远的年代，这也是一种工作，仅仅靠摆一些姿势动作就可以赚到钱。虽然看似简单，甚至有些不劳而获，但事实却并非如此。搔首弄姿的她们经常会受到一些侮辱，因为有些观众会将桌上的果核垃圾扔向自己看不顺眼的女子。遭受着人格上的侮辱，却还要继续在众人面前卖弄自己，因为这是她们摆脱贫穷的唯一方式。

与这些女人相比，那些在舞台上唱歌的人就要好很多，至少不用被人羞辱。他们依靠自己的特长来赚钱，尽管所有表演者都一样，出身低微而且贫穷。苦难的日子磨砺了他们的品质，也塑造了他们独特的表演。身穿华丽服饰的他们将表演融入进了自己的味道与经历，滑稽可笑中夹杂着沉重与痛苦。笑过之后才会觉得这些有生活背景的表演是如此富有感染力。

枯燥无味的生活里，那些驻军军官的出现和咖啡厅里的喧闹无疑是雨后彩虹，润物甘霖，让可可·香奈儿在绵绵的阴雨之后看见了亮丽的景色，也看见了生活与爱情的希望。于是，可可·香奈儿不再犹豫，奔向了自己想要的生活。或许就连香奈儿自己也不知道未来到底该是怎样的，但至少，现在的她很快乐，那种快乐久违但却并不陌生。

「 一路向前 」

谁看见了 Coco

　　喜欢可可·香奈儿，但对于这个倔强而又执着的时尚女王，却是一半清澈，一半迷茫。

　　可可·香奈儿，一位大胆而又勇敢的女子，敢于在乌云满天的阴暗童年里做着美梦，敢于承认自己在感情世界里的那种并不光彩的身份，敢于在艺术设计里用着自己独一无二的潮流构思，敢于在世俗的世界里为了爱情和事业而终生不嫁，毕生以"香奈儿小姐"冠名。

　　果决、勇敢、睿智、幽默，这样的香奈儿不需要任何的掩盖与遮饰。

　　而这样的女子，就像是迷雾一般，当你远远观望的时候，明亮、清晰，一旦走近，就会发觉其实不如远处那般的明朗，反而会多了些层层遮掩的障碍，让人无法完全看懂其内心的一切。有些人，这么近却又那么远，有些人这么远却又那么近。世间的女强人这么多，只是真正可以吸引旁人的少之又少。凡人似乎都被她们强大的气场所震慑住，不敢迈出自己的脚上前一步，也就看不到她们的美好一面。

　　但那个世界闻名的可可·香奈儿，却是个例外。

　　她相信自己是属于过贵族生活的人，从小就相信，所以她始终有一个步入上流社会的梦。人生其实就是一个不断做梦、再去实现梦想的过程。如若是没有了梦想，那么这个人也就如行尸走肉一般没有了灵魂，没有了存在的意义。于是才会在后来，梦想让可可·香奈儿这个名字一夜之间，红遍了世界各地，成为了时尚界的女王。那些简单的衣服与手包便可以将漫长的岁月蹉跎巧妙地带过，滑润、连贯，并没有烦冗复杂，这也就是女王的智慧。

　　然而，有些人却觉得可可·香奈儿是虚荣的，是冷漠的，是没有感情的。童年里她拒绝别人对自己的关心和关爱，成年后的她极力追求物质生活，她从不掩饰自己想要的是什么，或是下午茶，或是舞会，或是咖啡厅的闲聊。

　　聪明的人们不能被外在蒙蔽，本质上，可可·香奈儿想要的只不过是安稳而已。尽管如此，依旧有很多人喜欢她的设计。那些带有双C的时装与配饰不仅仅是享受，是小资，褪去了华丽的外表，我们就能看到可可·香奈儿的内心实质。造型精美、做工细致的时装里，盛满的不仅仅是苦苦的咖啡，还有微妙的情怀，苦在嘴里，滑过味蕾，缓缓流入心间的是说不明的东西。只有拥有它，穿戴上它，将皮肤与它亲密接触才能体会到香奈儿所要表达出来的东西。

　　对于可可·香奈儿的印象，总是淡然，总是冷冷的。或许，那些简单与纯真才是适合她的，然而命运偏偏予以她的都是矛盾：一个真真的享乐主义者却是一个充满悲情的女子；通过一件件设计品与顾客亲近，可对自己却是谨言慎行，不让别人窥测到内心；几百年前的法国，她是家喻户晓的时尚先锋，几百年后的世界各地，她已经离去，但香奈儿作为一个品牌却经久不衰。

　　或许此般的矛盾与相对，让世人不能理解，可是按在可可·香奈儿的身上，却是如此的自然与适合。或许，世界之大，人都有着不为人知的两面性。而一生光阴，人也会扮演不同角色。也许很少有人知道，在时尚界里叱咤风云的可可·香奈儿也曾做着跑龙套的小角色。

　　时光的溪水清浅，一直蜿蜒到大雾弥漫的回忆里，模糊的画面，镶嵌在灯红酒绿中。对于那段歌手生涯，一切还要追溯到一个名叫"圆亭"的咖啡舞厅。

　　咖啡舞厅，这是顺应时代的产物，因为大批驻军军官的到来，因为他们需要在闲暇时消遣解闷。于是，那些音乐咖啡厅和舞厅成为了穆兰城里最受欢迎的场所。一个产业的兴起总会带动另一些职业的繁荣。环环相扣，音乐咖啡厅和舞厅的兴起也捧红了一些普通的下层百姓。

同样是在穆兰，同样是一位女裁缝，依薇·吉尔凭借着在咖啡厅唱歌而成为了备受大家追捧的名角儿。

有了摩登女郎依薇·吉尔的榜样，可可·香奈儿似乎找到了突破口，与依薇·吉尔情况相似的可可·香奈儿也想效仿她，想要通过唱歌而一举成名。于是，敢想敢做的可可·香奈儿没有经过姑姑艾德里安的同意，就与当时穆兰的一家咖啡厅老板签订了协议，这意味着在未来的一年里，可可·香奈儿要在这家名字叫作"圆亭"的低级咖啡厅里进行表演。

可是事实证明，现实给予我们的永远都要比脑中想象的画面低上几个档次。可可·香奈儿并没有像依薇·吉尔那样成为大明星，她只不过是客串一些个小角色而已。

为什么会这样？也许是因为可可·香奈儿没有妩媚的双眼，没有热辣的身材，没有勾人心魄的动作。不知道是什么原因，总之，可可·香奈儿在歌唱表演的这条道路上并没有像依薇·吉尔那样顺利。但清秀的容貌和瘦削的身材还是让可可·香奈儿的身上散发出一种不一样的味道，如此清新脱俗的姑娘，在众多浓妆艳抹的人群里是如此得独一无二，看腻了循规蹈矩的表演，那些上流社会的纨绔子弟或许也想换一换口味，那些有钱的人们开始欣赏可可·香奈儿这样的清纯，毕竟，可可·香奈儿带给他们的感觉是不同的，是新鲜的。往往，不同与新鲜便会激起人们想要追求的欲望。于是，台下那些名利双收的贵族们热切地想要与可可·香奈儿走得近一些。虽然没有依薇·吉尔那样大红大紫，成为明星，但至少，别样的可可·香奈儿还是得到了一些观众的喜欢和认可。

看到自己还是有一些人崇拜的时候，急切的可可·香奈儿便趁热打铁，想要迅速地提升自己，早日过上自己向往的生活。似乎，这是一条可以改变人生现状的途径，当时的可可·香奈儿确确实实想要通过唱歌来改变自己的生活。

被世人所熟知的时尚女王可可·香奈儿就这样走上了主唱歌手的道路。多少个瞬间，她曾坐在化妆间里，望向镜子里那美丽的脸庞，抬起玉手，轻轻打扮。她在后台日夜奔波，时而在幕后悄悄凝望等待开场，再走过连接幕后和舞台的通道，用一颗向日葵追寻太阳般的心，忘我演唱着不同歌词里的喜怒哀乐。

可可·香奈儿唱的歌大多很简单，也朗朗上口。她开始爱上了这种通过乐曲直接诉说情感的表达方式，简单、直接，不矫揉造作。在心灵中，她对这种歌曲的情感，更加感同身受。从语言到动作，甚至一个眼神，经验丰富的她拿捏得越来越娴熟，恰到好处。

那个有着破碎童年时光的女子，用自己细腻的情感，伴随着自己的心走遍了千山万水，为残损的梦想歌唱，歌唱那些自己所向往的故事，重现着那些让岁月抹去痕迹的华丽，涤荡着生命中的悲怜与甜蜜。

自此，可可·香奈儿将自己作为歌者的青春献给了圆亭的贵族观众，成为了我们都不是那么熟悉的可可·香奈儿。对于歌手这个职业，可可·香奈儿是充满希望的，但后来事实证明，可可·香奈儿是服装时尚界的女王，她并不适合唱歌。

如果唱歌是一个梦，那么可可·香奈儿在梦里追寻着自己的人生。于是我们看到了那个认真演唱的可可·香奈儿，那个为了梦想而坚持的可可·香奈儿。在唱歌的梦里，可可·香奈儿在不同的词曲里寻找自我。她体味了多种人生滋味，同时也赢得了观众的心。那些前来消遣的人们，记住了可可·香奈儿的美丽与韵味，也记住了一首名为《谁看见了可可》的歌曲。

那一日的表演，可可·香奈儿只唱了两首歌——《喔喔喔》和《谁看见了可可》。同歌名一样简单，那是一首描写弄丢了小狗的活泼少妇的曲调。歌曲唱罢，台下热情的观众开始模仿公鸡叫的声音，以示对可可·香奈儿的喜爱和欢迎。

这样的情况不止一次地出现，因为可可·香奈儿受欢迎程度与日俱增。每一次演唱完毕，台底下的崇拜者都会大声地拍手叫好，甚至有一些忠实的粉丝，直接将歌词中小狗的名字"可可"作为香奈儿的昵称。热情的人们拍手鼓掌，口中大声地喊着"可可、可可"，而对此，香奈儿也不曾拒绝。

可可，就这样成了代表香奈儿的另一个名字。

然而，对于这样一段回忆，可可·香奈儿却有着自己的解释："（人们说）我是从随便什么地方，音乐小酒馆、歌剧院或者妓院出来的；我对此感到遗憾；可这个说法就更滑稽了。"而对于自己的绰号"可可"，香奈儿也坚持称这是自己的父亲阿尔伯特为自己取的名字，并不像世人传说的那样。

向来对自己成名前的时光闭口不谈的可可·香奈儿在极力否认当歌手的那段岁月，但一切无从考究，也不再重要，因为可可·香奈儿这一生，注定是与时尚和服装作伴的，歌手，只不过是她人生中的一段插曲。她的睿智与果断如同她的设计作品一样受到人们的欢迎，而"可可"也成为了香奈儿的专属标志。

越来越受欢迎的可可·香奈儿，周围总是围绕着一些出身高贵的人。而其中一个名叫艾迪安·巴勒松的男青年，走进了可可·香奈儿的感情世界。

那是可可·香奈儿的第一个爱人。他家境富裕，家族依靠投资羊毛生意而成了资产阶级。经过一番的波折之后，巴勒松成为了穆兰第十军团的骑兵。

同一时间，可可·香奈儿并不知道自己将会与这个男子发生千丝万缕的关系，她正走在实现梦想的道路上。可可·香奈儿觉得穆兰已经不能满足自己了，她想要到更大的地方去闯一闯，看一看，有梦想就付诸行动，可可·香奈儿去往了维希。

然而，光有胆量和梦想是远远不够的。独自在维希打拼的可可·香奈儿碰了壁。她的歌手经历在维希这样的城市里简直是可以忽略的，唯一的解决办法就是通过培训课程来提高自己，可是收入微薄的可可·香奈儿不足以支付培训的费用和礼服的租金。尽管她努力争取，然而依旧没有人愿意雇佣她。

可可·香奈儿沮丧地回到穆兰，她的情绪低落到谷底。人在脆弱的时候总是需要人陪伴的，即便是默默地相依而坐，一言不发。于是，那个骑兵巴勒松出现在了可可·香奈儿的眼前。

短短几个月的时间，可可·香奈儿与巴勒松就坠入了爱河，你侬我侬。为了长相厮守，巴勒松还购置了一处房产，与可可·香奈儿开始了同居生活。

幸福来得太突然，可可·香奈儿本来以为自己在维希碰壁之后，便会又回到从前暗无天日的生活。可是她没有想到，巴勒松的出现让可可·香奈儿脱离了苦海，过上了向往已久的生活。

喜怒哀乐交替错杂，从来没有一成不变的。巴勒松和可可·香奈儿同居之后不久，巴勒松的父母便相继去世，留给巴勒松和他兄弟的除了一大笔的钱财，别无他物。巴勒松用这些钱，买下了罗亚尔庄园，继续自己与可可·香奈儿的同居生活，可可·香奈儿，也不避讳自己情妇的身份。

那个低俗的音乐咖啡厅，再没了香奈儿清纯的身影，也听不到那细腻的歌声了。人们的思绪还沉浸在《谁看见了可可》的歌声里，然而却再没有人见过那位名叫可可的女子。

「 潮流风向 」
踏向"王者之境"的女骑师

可可·香奈儿是勇敢的，这一点我们深信不疑。

凡尘间的多少爱情，很多都未能随了人们的心愿，甚至有的辜负了真心和青春。或是男人负心，或是女人执着。人们总是想要在爱情的故事里为自己赢得一个名分，从此名正言顺，心安理得。然而勇敢的可可·香奈儿却选择成了别人的情妇，而且还如此高调。

男未婚女未嫁，彼此心生好感的一对人应该成为情侣，经过感情的磨合，而成为执子之手与子偕老的夫妻，而可可·香奈儿却选择做了巴勒松的情妇。之所以成为情妇，是因为这个腰缠万贯的贵族男人并不只有可可·香奈儿一个女人。

或许女人都喜欢风趣幽默的男人，巴勒松与香奈儿的父亲阿尔伯特有很多相似的地方，他们都有自信让女人围绕自己，他们都诙谐幽默，这样的男人会成为女人关注的焦点。

这样的男子也同样吸引着可可·香奈儿。于是，她提上自己简单的行囊，整理好自己的过去，无名无分的可可·香奈儿就这样住进了罗亚尔庄园，也成为了人们唾弃的对象。在这个庄园里，还有一位巴勒松的女人——艾米丽娜·达伦，一个著名的交际花。

可可·香奈儿就是与众不同，就连情妇也当得与别人不一样。对于那些贪婪敛财并依赖情人的情妇，可可·香奈儿是嗤之以鼻的。即便是做情妇，也要高调，也要独立自主，而不是成为一条依靠别人的寄生虫。

看惯了古装电视剧里的宫斗戏，人们多是相信女人多的地方就会是非多。古往今来，无论是中国还是欧洲，抑或是世界各地，大多如此。一座富丽堂皇的罗亚尔庄园里，住着一个男人和两个女人。在外人看来，难免会矛盾不断。可是事实却让人大跌眼镜，他们的关系如同庄园金碧辉煌的装饰一样，美好而和谐。

巴勒松把大部分的经历都用在了研究赛马和驯马上面，可可·香奈儿对女人之间的钩心斗角也不感兴趣，如此一来倒是相安无事，艾米丽娜则始终惴惴不安，她知道自己终有一天会被人抛弃，落得个骂名，唯一的方式就是趁现在尽量博得巴勒松的好感，那样便会与可可·香奈儿争风吃醋。而眼前与自己同住屋檐下的可可·香奈儿又是如此的让人着迷，即便自己是女人，却也会对这样的女子产生好感，她聪明伶俐又好学，她的一举一动都会透露出野性的美，韵味十足。美丽的外表加上冷静的个性，让可可·香奈儿迷人至极。

再美丽的外表也无法掩盖她情妇的身份。1906 年，社会等级制度受到了严重的冲击，思想的渗透让那些长期被压迫的人开始有了反抗的意识，罗亚尔庄园里的仆人们也觉醒了，他们已经不再愿意服侍曾经与自己同样卑微、但却通过做贵族情妇而一跃升天的女人，比如可可·香奈儿。对于这样的转变，可可·香奈儿无可奈何，也只能在闲暇的时候，读一读自己喜欢的小说，就像在奥巴辛孤儿院的日子一样。

与其说是打发时间的无聊之举，不如说可可·香奈儿更想做一些事情来丰富自己的生活，让可可·香奈儿这个名字更富有内涵。

骑马，成了可可·香奈儿的最佳选择。自然而然，对马匹极其钟爱的巴勒松成为可可·香奈儿在骑术上的绝佳老师。

一件小事便可以看出一个人内在的品质，从细节看成败。用心的人们都是通过这个道理来发现智者的。在学习骑马这件事情上，可可·香奈儿展现了她强大的学习能力与执着的态度。对于这种自己以前从未经历的新鲜事物，可可·香奈儿可以说是全情地投入，即使累，也不厌倦。骨子里，可可·香奈儿透着一种不服输的精神，只要是她自己想做的事情，就一定能够做好。在巴勒松将骑马的要领和所有需要注意的细节教给可可·香奈儿之后，这个执着的女子便开始了全身心地投入。

有时候，巴勒松会陪着可可·香奈儿一同练习，而当他繁忙无法陪伴的时候，香奈儿就一个人前往马场，与那些马场的工作人员一同度过辛劳的一天。可可·香奈儿一心想着要把骑马学会学好，甚至是天不亮就出发去马场练习，风雨无阻。

想要的就一定能够做到，这就是可可·香奈儿让人着迷的地方。没过多久，聪明的可可·香奈儿就成为了一名技术娴熟的女骑师。

在 19 世纪后半叶的欧洲，上流社会的贵族女子学习骑马已经不再稀奇，而是成为了一种流行的时尚。那个时候，在骑马这方面，可可·香奈儿就走在了流行的前沿。学会骑马的可可·香奈儿也经常与巴勒松一同去罗亚尔庄园附近的赛场观看赛马。

可可·香奈儿刚刚学会骑马，巴勒松又是如此痴迷骑术，所以在那一段时间里，可可·香奈儿与巴勒松都是在赛马会中度过的。在观看赛马的人群中，不乏巴勒松的好友。

传统的上流社会人都讲究身份地位，阶级体制是不容许颠覆与改变的。对于可可·香奈儿这样出身卑微低贱的女子，却跻身上流社会同他们一同观看赛马，他们心中自然有着不悦。可可·香奈儿对于旁人那些议论与眼光却丝毫不在意：我看起来没什么特别之处啊？

骑马，酒会，画展……上流社会的生活内容丰富多彩，可是时间久了，也会让人感到乏味和无聊。一段时间之后，可可·香奈儿开始厌倦了这样的生活，但是可可·香奈儿同样也清楚地知道，自己除了忍受现在的生活，没有更好的选择。情人就是情人，想要改变，无疑是从一个人的怀抱投向另一个人的怀抱。这不是解脱，而是跳进另一个泥潭。

凡事没有绝对。如果说摆脱现在的生活，唯一的办法就是自己独立工作，有了自己的事业，生活的重心将会发生改变。只要忙碌充盈地生活，人就不会空虚。

思前想后，可可·香奈儿选择了巴黎。一个充满浪漫与时尚的大都市。

然而可可·香奈儿这一大胆的想法，却只换来了巴勒松的嘲笑与不屑。对于巴勒松这样的纨绔子弟来说，他想要的就是女人安安分分地待在自己身边，任何需求都可以满足，当然，也不能触碰自己的底线。可是可可·香奈儿这个不安分的女人却偏偏要去巴黎闯荡，这让巴勒松觉得不可思议，也无法理解。

对于美貌的女子，男人们想要占为己有是情理之中的事情。年轻的可可·香奈儿，容貌清秀，能言善辩，对于设计与梦想更是充满了信心。容颜动人、瘦削的她，淋漓尽致地诠释着优雅，就像是一株清新的百合，花香四溢，飘散人间。

是的，这样的女子，谁能不疼？谁能不爱？疼爱喜欢她的，又何止巴勒松一个男子？

1910 年，这一年对于可可·香奈儿来说是重要的一年，她的人生在这一年里也发生了许多改变，因为她遇到了另一个男人。

他叫亚瑟·卡佩尔，一个马球选手，一个上流社会的精英，一个与巴勒松也熟识的男人。

对于这样三个人错综纠结的复杂关系，可可·香奈儿依旧想要通过自己的解释来掩盖事实：她说与巴勒松从未相爱，巴勒松不喜欢自己，自己也并不爱他。人们猜测可可·香奈儿这样说是想让自己的内心好过一些，想用这样的方式减轻自己的愧疚感。无论可可·香奈儿与巴勒松是否相爱，她还是从巴勒松的情妇变成了亚瑟的情妇。

并不是所有的爱情都会有一个幸福美满的结局，爱情里更多的是甜蜜与悲伤的糅杂。庆幸的是可可·香奈儿在这个青春年华大好的时光里，还能遇到亚瑟这样的男人。

也许吧，巴勒松并不爱可可·香奈儿，不然与亚瑟在一起，可可·香奈儿也不会如此地满足。

这个马球选手，给了可可·香奈儿足够的爱与包容。他不会像巴勒松那样介意她的出身、她的卑微与她过往的经历，亚瑟只是想保护这个女人，爱这个女人，给她想要的一切。

彼此相识的第一个冬天，让可可·香奈儿终生难忘。相爱的人眼中只有彼此，一句早安，一句晚安，一句你在干什么，都是"我想你"的另一种解释。每一天阳光升起，就想与爱人在一起浓情蜜意，哪怕不说话，只是静静地陪伴，都会让人备感温馨。不需要朋友，只要彼此就足够。

爱一个人，无论是优点还是缺点，你都会抱着欣赏的眼光。亚瑟与可可·香奈儿就是这样的互相吸引。曾经，在穆兰的咖啡舞厅里，可可·香奈儿因为太过于瘦削而被人嘲笑，而现在，亚瑟欣赏她的这种骨感美。不仅仅是可可·香奈儿的外貌，她的直率与聪慧也让亚瑟欣赏，还有那适时的沉默。

对于亚瑟，可可·香奈儿曾经有着这样的回忆："在培养我的过程中，他丝毫没有手软，对我的言行举止他总是指指点点：'你太粗鲁了……你说谎……你错了。'"

这是指责，从亚瑟的口中说出来，少了分严厉，多了分温柔。这就是亚瑟的高明之处，他想要改变可可·香奈儿，但他知道如果态度强硬，她是不会接受的，反而会闹得不欢而散，影响了彼此的感情。如果自己能够换个温柔的说法，可可·香奈儿便会欣然接受，并乐意去按照自己的想法改正自己的不足，完全不会压抑与不悦。

聪明如亚瑟，可可·香奈儿不仅接受了他的责备，还称他为"深爱自己并且了解自己的男人"。童年对于关爱的缺失让可可·香奈儿在亚瑟这里找到了被爱的感觉，他像是父亲，像是兄长，总之，他给了可可·香奈儿家一般的温暖，最重要的是这种温暖始终如一。

遇见亚瑟，可可·香奈儿觉得这是上天给她最大的恩赐。然而，这个男人却充满着神秘感。

他的出身，他的童年，人们都不得而知，为何明明是英国人，他却来到了法国，为何他会以政治部长的身份参加法国的凡尔赛会议，人们也无从知晓。至于他的婚姻以及与可可·香奈儿之间的关系，人们就更加莫名其妙，想要一探究竟。

人们只能在仅有的故事里寻找蛛丝马迹：亚瑟是一个精明能干、玩世不恭的男人，从可可·香奈儿的诉说里，亚瑟也是一个温柔体贴但却控制欲极强的爱人。

那个曾经与自己住在一起的巴勒松呢？此时的他，因为可可·香奈儿的离去而黯然神伤。曾经为了留住可可·香奈儿，巴勒松向她提出了求婚，然而可可·香奈儿拒绝了。不甘心的巴勒松在可可·香奈儿刚刚认识亚瑟的时候，再一次提出求婚，可依旧被拒绝。直到可可·香奈儿与亚瑟同居到一起，巴勒松才真正意识到，这个名叫可可·香奈儿的女人永远离开了自己。

虽然她只是自己情妇当中的一个，可他还是有些恋恋不舍。

可叹爱情的力量如此无所不能，神奇而又伟大。对于巴勒松如此，对于可可·香奈儿与亚瑟来说也是如此。一段三角关系经历了漫长的纠葛，才在可可·香奈儿搬进亚瑟公寓的那一刻，画上了句号。

| 第三章 梦想启程 |

如何让美丽不再成为枷锁

「 打造时尚 」

个性从香奈儿女帽开始

不要再纠结谁对谁错，感情里没有对错，只有适合不适合。拥抱过去，告别过往的所有；伸出双手，迎接崭新的未来。

还记得人生中的第一次拥抱吗？那时，你看见世界的光，大哭着降临；但是拥抱，让你接受了这个不能反抗的邀请。从此以后，有人拼命奔跑与寻找，也有人想证明最大的信任是等待，有人真心纠正着曾犯过的错，也有人没心没肺，从不纠结对错。就这样，让我们把自己交给时间，因为它承诺，永远不倒流，也保证，不将任何人退回。

从弃女到情妇，可可·香奈儿并没有放弃自己的理想与未来。决定出去工作的可可·香奈儿将帽子作为了自己事业的出发点，老情人巴勒松资助了可可·香奈儿一家工作室。梦想，就在小小的店面里开始生根发芽。

路途曲折漫长，步步落子无悔。每一个昨天都是被淘汰的，每一个昨天的自己都是被取代的。好在，崭新的开始，你已经决定好了成为哪般模样。在此之前，可可·香奈儿一直在裁缝店工作，也曾经在时装店短暂地工作过。虽然接触的都是服饰穿戴，但是选择帽子作为自己事业的起点，可可·香奈儿是经过深思熟虑的。

当时的法国，女帽依旧是永恒的经典，也是女性服饰装扮中的重要环节。如果我们细心观察便不难发现，香奈儿所处的时代，无论是画报还是杂志，多数的贵族女人都会佩戴一顶帽子来作为装饰，它是搭配中重要的组成部分。倘若一个女人没有佩戴帽子，那便和大庭广众之下不穿衣服没有两样，作为如此重要的帽子，人们也十分愿意多花些心思在其上面。无论是柔软的羽毛，还是漂亮的花卉，无论是精巧的鸟标本，还是颜色鲜艳的果篮，为了能够让单一的帽子看起来丰富多彩，为了让自己能够在人群中脱颖而出，女人们开始绞尽脑汁地在自己的帽子上添加各种各样想象不到的东西。不管它合适还是不合适，只要能够吸引别人的目光，这个帽子就是漂亮的，自己的装扮就是成功的。

于是，那个本来只是起到点缀作用的帽子成了复杂的博物馆。只有你想不到的，没有她们做不到的。

当帽子成为人们关注的焦点时，时尚潮流便不会轻易放过。每一年每一季，那些代表时尚趋势的杂志会占用很多篇幅来报道即将流行的颜色与款式。于是，相对于那些按照自己喜好随心所欲的胡乱搭配，成为时尚标本的主流设计显得如此正规而又富有品位。

眼光独到的可可·香奈儿看到了这个庞大的市场需求，这其中还包括那些女帽售货员的地位和影响。

那些形形色色的女店员，让人们觉得是如此迷人。她们似乎对时尚极其敏感，各式各样的衣服配饰，只要经过她们的精雕细琢，便会让人焕然一新。独特的艺术天赋和审美观让她们被称作时尚的全能演绎者，在这些创造美的女店员中，唯有销售帽子的人最受欢迎。

那些缝制女帽的裁缝也丝毫不逊色，只要稍加改动，便能让已经过时的款式重回新颖别致的行列。独具匠心的设计让诸多潮流界的评论员忍不住赞叹："她们是巴黎女工中的贵族，是最优雅、最令人钦佩的姑娘。她们心灵手巧，简直就是艺术家；她们的创意仿佛永远都不会枯竭。"

对于自己做帽子的初衷，可可·香奈儿这样说道："因为那时亚瑟常带我去赛马场，我注意到当时的帽子都比头小，戴上后还要别上帽针才能固定，这样的帽子并不实用。所以，我决定设计出稍宽大且没有太多繁缛装饰品的帽子。"

可可·香奈儿是情妇，但却是经济独立的情妇。当自己选择从帽业开始自己的事业的时候，可可·香奈儿就清楚地意识到，自己想要在时尚界里崭露头角并闯出自己的一番天地，就一定要努力拼搏，并不断创新进取。

她将自己学习骑马的毅力用在了工作上，孜孜不倦。慢慢地，可可·香奈儿开始找到了做生意的感觉，也懂得了一些技巧，她也在这条摸索的路上，找到了信心。

越来越多的人知道了可可·香奈儿的帽子店，也有越来越多的人开始光顾并购买可可·香奈儿店里的帽子。而这些前来光顾的人中，有的是高级交际花，有的是别人的情妇，有的是时尚女郎，有的是知名女演员。

那些上流社会的情妇和交际花本是怀着好奇心来到可可·香奈儿的店里，她们不关心可可·香奈儿的帽子怎么样，她的店面经营得怎么样。她们的好奇心驱使着自己，想要看一看这个与自己一样同为情妇、但却一心想要工作的女人到底是怎样的一个人，仅此而已。当这些人看见可可·香奈儿店里出售的帽子的时候，她们开始相信，可可·香奈儿的决定是正确的，她不应该被情妇的身份束缚一生，她要做自己。

一家小小的帽子店，让可可·香奈儿的能力和才华都发挥出来，不再隐藏于暗不见人的地方。当自己的作品得到世人的认可，她开始追寻更高的目标——她要加入自己更多的想法和更复杂的设计构思与理念，她要扩大自己的圈子，扩大自己的人脉，扩大自己的能力范围，她要做到最好，成为时尚界的女王，而不是谁的情妇。

陡峭的上坡之后必然是急剧下滑的低谷。没过多久，可可·香奈儿就遇到了设计上的瓶颈期。她是执着的人，但在设计这方面，她却虚心地接受着每一个中肯的意见和建议，并相对地做出调整。

一项事业，只有抱着这样虚心好学的精神，才能够长远发展。同一时期的女帽设计师露西安·罗巴特就是看到了可可·香奈儿的这一优点，放弃了自己所在的巴黎最有名的女帽厂商，来到了可可·香奈儿的店里工作。老板先进的设计构思加上员工精湛的缝纫技术，让可可·香奈儿的帽子店一时间火爆了起来。

可可·香奈儿开始觉得，自己现在的小小店面已经不能满足发展的需求了，可是想要扩大店面，却没有足够的资金。到底是安于现状、停滞不前，还是寻求更宽广的道路，答案当然是越走越远才会更有发展。可是资金问题怎么解决，这个问题困扰了可可·香奈儿很久，思来想去，经过权衡利弊，最终，可可·香奈儿还是选择了寻求情人亚瑟的帮助。

精明的亚瑟看得出来，可可·香奈儿不同于其他情妇，她不单单只是依附于男人的情妇，她有自己的想法和能力，她想要做一番事业，既然如此，自己就应该满足她。尽管她的小小的帽子店对于亚瑟而言，收入微不足道，但是他明白这件事的本质，可可·香奈儿不是为了赚钱，而是为了寻找自己，展现自己，认可自己。

这个马球选手对可可·香奈儿说："我看可以，你一定会成功的。也许这需要你消耗很多资本，但只要你觉得有事可做，一切都不是问题。最重要的一点是——你要幸福。"

就这样，在 1911 年的年初，康朋街 31 号，可可·香奈儿通过亚瑟的帮助，拥有了一家属于自己的店，而贴心的亚瑟还为可可·香奈儿请了一位秘书——德·庞斯小姐。

那时，巴黎女帽的潮流被一个名叫保罗·普瓦瑞的新星设计师引导着。

保罗·普瓦瑞设计的作品在当时可谓是赚足了大众的眼球。他的帽子并没有延续以往的巴洛克风格，而是大胆地采用了朴实无华的设计，在简单线条勾勒的基础上，保罗·普瓦瑞为其搭配了华丽的东方纺织品，画龙点睛的装饰，妙笔生花，让保罗的团队在设计大军中脱颖而出，领导着巴黎女帽的潮流走向。

可可·香奈儿对于这位设计新星的作品，却不以为然。她觉得保罗·普瓦瑞的设计只不过是旧酒换新瓶的过度包装，而实质上，他并没有改变原本的设计风格。这样的作品，对于普通大众或许还能够算得上佳品，至少让人喜欢，但对于一些懂设计并研究设计的人而言，却是雕虫小技。对于这样一位设计师和他的作品，可可·香奈儿这样自信地说道："我崇拜美，但讨厌所有仅仅是漂亮的东西。我虽然年轻，但已经有了很精准的判断能力。"

对于女帽行业，可可·香奈儿是怎样做的呢？很简单，可可·香奈儿以较低的价格买进了一些已经过时或是卖不出去的女帽，她将这些帽子上原本的那些哗众取宠的烦琐装饰物全部都拿掉了，然后在光秃秃的帽子上加入了自己所做的装饰，这样一经点缀，原本老旧的帽子立刻焕然一新，成了新款。经过可可·香奈儿装扮出来的帽子带着时尚的气息，与众不同，就连可可·香奈儿的佩戴方法也是别出心裁：她将帽子的前沿压得低低的，甚至压在了眼角处。每每有顾客来到店里，可可·香奈儿都会为她们热情地介绍自己设计的帽子，并亲自示范自己独特的佩戴方式。

然而，对于压倒巴黎时尚潮流的元素，可可·香奈儿的这种帽子实在是太小众了，而且并不卖座。

自强自信的女人，自然不会甘心自己屈服于这样的现实。尽管事实如此，可可·香奈儿还是没有放弃自己的事业，不但如此，反而是更加努力，想要弥补这一切。她想要用自己的一举一动去为这大千世界增添美丽与色彩，她需要用自己那颗敏感强大的心，去感受世间的酸甜苦辣，体会人生的百般况味。

这就是可可·香奈儿，一个自信的女人，一个执着的女人。她依旧坚信，自己的帽子是最美丽的，是能够得到人们认可并喜爱的。

因此，可可·香奈儿开始抓住每一个可以为自己帽子做宣传的机会。

　　她会戴着自己设计的帽子走在巴黎的大街上，高傲而又自信；她会让自己身为演员的朋友在演出时戴上自己的帽子。亚瑟也在为可可·香奈儿默默地做着努力，他甚至说服了巴黎当时最有名的歌剧演员，在表演歌剧的时候戴上可可·香奈儿设计的帽子。

　　明星效应从那个时候便开始存在了。人们看到自己喜欢的明星戴着这样前沿压得低低的帽子，也都纷纷效仿。之前无人问津的帽子顿时在巴黎大街上刮起了一股叫作可可·香奈儿的潮流风。

　　一间小小的工作室就这样成了可可·香奈儿时尚王国的雏形。人们开始接受香奈儿，也开始接受可可·香奈儿所设计的帽子。

　　相信很多人喜欢可可·香奈儿，是从她的内在开始的。勇敢执着的女子，只有那样纯粹而沧桑的年代才能孕育得出来，那些代表着可可·香奈儿精神内在的作品却不是为了去说明些什么，而仅仅是艺术与能力的相遇。

「 经济独立 」

男人的手托不起女人的梦

再昂贵的胭脂也不能遮盖岁月在人们脸上留下的痕迹，再华丽的服饰也不能掩饰一个人的灵魂空虚。当每一个昨天成为历史，当历史带着时间匆匆而过，唯有知道自己想要些什么，该去做什么，才能不辜负每一分每一秒的时光流逝，才能与这样的宝贵保持平衡。

广袤宇宙，每一天太阳的升起，都代表着崭新的开始，而每一抹夕阳的余晖，都对应着一天的落幕。匆匆而过的岁月，被大自然掌控着。乖巧听话的它不会任意妄为，更不会为了哪一个人停下或者放慢自己的脚步，因为流逝就是岁月的使命。

当夜晚被朝阳代替，可可·香奈儿终于找到了自己存在的价值和活着的意义。

其实，早在 1909 年，可可·香奈儿的女帽就有了初露锋芒的势头，并持续加温，直到 1910 年，可可·香奈儿的女帽才越来越受到人们的热捧。在《高莫迪亚画册》的杂志上，甚至还出现了可可·香奈儿的身影。她用自己的纤弱成功演绎出了香奈儿女帽的别样风情。她不是模特出身，但是骨子里却带着极其强烈的时尚感与内涵。或许，只有亲自佩戴才能诠释出自己设计的初衷，淋漓尽致而又不夸张过度。

这种风格就如同可可·香奈儿设计的帽子一样，大胆而又简洁，巧妙的搭配会让其经久不衰。对于这样新鲜出炉的时尚新品，《高莫迪亚画册》的杂志给予了这样赞誉："年轻艺术家香奈儿在时尚界正占据主导地位。"

于是在时尚界里，人们开始知道了可可·香奈儿的存在，也接受了可可·香奈儿的帽子。对于这样的改变，可可·香奈儿有着自己的想法："在人前，他们讨论我的帽子如何让人震惊，如何不寻常，如何优雅简朴。这不过是他们讨论我私生活的开始。"

可可·香奈儿女帽的大受欢迎，让她平日清闲的日子变得忙碌，但是这种苦只是外在的，内心的甜让香奈儿很满足。

偶尔忙里偷闲的时候，可可·香奈儿会和亚瑟一起享受生活。爱人的陪伴是最好的酬劳。一个拥抱，便会驱走所有的劳累与不悦。

对于自己的情人亚瑟，在他的面前，可可·香奈儿终于可以挺直了腰杆了，充满自信地面对。不为别的，只为自己终于可以不用担心被人说是寄生虫，自己完全可以承担自己所有的花销，不再依靠亚瑟。可可·香奈儿的姨妈曾经对自己充满了鄙夷和嘲笑："别做梦了，你是不会有钱的……如果哪天有个农民想娶你，你就应该感到很幸福了，你还奢望什么呢？"

现在，可可·香奈儿是真真正正地在心里为自己高兴：女帽事业的如火如荼让她大赚了一笔。她并没有像自己姨妈说得那样，卑微穷苦地过一辈子。现在，她成为了经济独立自主、富足有余的人，那些曾经嘲笑和看不起自己的人现在该是怎样一副羞愧和巴结的丑陋面容呢？

有了这样的资本，可可·香奈儿不再是一个靠人赡养的情妇，她开始与亚瑟分享自己的心情和生意。与其说这是一种分享，倒不如说是一种炫耀。

然而，热情高涨的可可·香奈儿却换来了亚瑟的一盆冷水，一下子浇灭了她的所有热情：没错，你有自己的事业是件好事，但是，你却并没有赚钱；糟糕的是你反而还欠了银行许多钱。

震惊至极的可可·香奈儿充满了疑惑："你说什么？我欠了银行

的钱？根本不可能。我赚了很多钱，如果不是这样，银行怎么会给我钱？”

曾经过过穷苦的日子，可可·香奈儿要为每一份花销安排到最节俭。而如今，赚了钱的香奈儿可以不用再绞尽脑汁节俭地生活了。或许是曾经的她并不富有，所以也并不会理财。慢慢地，可可·香奈儿开始养成了花钱大手大脚的坏习惯。

香奈儿虽然赚了很多，却也花了不少。

之后，可可·香奈儿的疑惑消失了，无边无际的失望与落寞涌上心头。

花钱无所顾忌的可可·香奈儿最终还是入不敷出，但自己却从未意识到自己的财政危机。作为可可·香奈儿在银行的担保人，没过多久，亚瑟就收到了银行的来电，将香奈儿的财务状况告知了亚瑟。

因为顾及可可·香奈儿的感受，亚瑟选择了委婉地告知可可·香奈儿实情，但亚瑟所说的事实还是让可可·香奈儿感到无法接受，自尊心受到了伤害。

从心底里，可可·香奈儿感到了深深的挫败感，本以为自己可以自食其力，毕竟自己的事业可以给自己足够好的生活。可谁知，当经济状况出现问题的时候，银行却没有通知她本人，而是将电话打给了亚瑟。似乎，自己还是离不开亚瑟。心中认定了这样的想法，可可·香奈儿感到十分气愤。原来自己始终是一个摆设，一个供人欣赏的摆设，或者是一个木偶，虽然能够活动自如，但却需要别人提线操控。

如同当头棒喝，这一次的教训对于可可·香奈儿来说，有着非凡的意义。她清醒地认识到，从前，自己真的是太粗心、太天真了，她只想到自己赚钱的目的，却忘了再富有，生活也需要精打细算的道理。

有人认为拿破仑是英雄，但他却遭遇了滑铁卢的溃败。每个人都崇拜英雄，因为他们从来都不服输，但我们还是执意成为自己，即使输了，我们也不怕。

不服输的可可·香奈儿在经历了前一晚的感悟之后，开始制定了严格的守则：在店铺内，没有经过自己的允许，谁都不能多花一分钱。这里是赚钱的地方，不是可以随便挥霍浪费的地方。

可可·香奈儿店铺里的帽子受到了越来越多人的关注，许多女性也慕名而来，对于香奈儿设计的新款帽子，她们都很感兴趣。可可·香奈儿也细心热情地给她们提出搭配的建议和意见。走进店里时，人们只是普通的百姓，而走出店里的人却焕然一新，仿佛明星一般耀眼。

流光总是那样的公正，从不会对某一个人分外照顾，岁月的河如海流，只能匆匆向前，不肯退后半分。流光中的可可·香奈儿已经不再是一个懵懂天真的小丫头了，如今的可可·香奈儿，成熟、理智，也多了一份冷静。

对于女人的权利与地位，亚瑟是不否定的："未来的城市之门仍未向女性敞开，几个世纪以来，女性被她们的主人看作是低等动物，是负担，或者是玩物，现在解放她们的时候到了，而且她们也已经开始解放自己了……以前的女性教育仅仅是倾向于教授她们如何取悦别人的艺术。在传统社会观念中，一个不会取悦他人的女性会被孤立，被认为是下贱的，现在这种观念开始衰落。女性们必须在取悦他人过活还是通过劳动养活自己之间，做出自己的选择。那些选择靠劳动养活自己的女性已经证明了女性低等说不过是男人哄骗世人的幻想罢了。"

有些时候，人们就是如此的怪异，想的是一个样，做出来又是一个模样，那些理论永远无法用在自己身上。

当可可·香奈儿变成亚瑟口中赞许的独立女人之后，他才意识到自己最初让可可·香奈儿出去工作的初衷是错误的。他一直以为，可可·香奈儿只是无聊时需要一件东西打发时间而已，她想要找到自己存在的意义。于是，自己资助了可可·香奈儿这家小小的帽子店。在亚瑟的眼中，这家店铺就像是一件玩具而已，而可可·香奈儿是需要玩具的孩子。当可可·香奈儿还清了当初亚瑟资助自己的全部欠款之后，亚瑟才意识到，可可·香奈儿不是需要玩具的孩子，她真正需要的是自由。他以为自己给可可·香奈儿的是玩具，但却误打误撞，是她最想要的自由。

　　爱情与面包，有人觉得可以兼得，有人觉得只有一种胜出。当面对残酷的生活现实的时候，到底是选择面包来维持生存，填饱肚子，还是选择爱情来丰富自己的精神世界？这个选择太难了，仁者见仁智者见智，没有人能够给出最完美的答案。而对于可可·香奈儿来说，她在追求面包的时候，丢掉了自己的爱情，也丢掉了自己作为母亲的权利。

　　可可·香奈儿的心理咨询师曾透露过："在那几年的快乐时光中，可可·香奈儿曾经做过流产手术，手术的结果令她永远无法再怀孕。巴黎第十六区的一家诊所夺去了她身为女性孕育生命的权力，也夺走了她养育孩子、建立家庭的机会。"

　　或许对于可可·香奈儿来说，爱情与面包、事业与家庭，真的不可兼得。

　　对于爱情，可可·香奈儿并没有之前付出的那样多，慢慢被忽略的爱情让可可·香奈儿无从察觉，事业上带给可可·香奈儿的荣誉与认可让她越来越觉得自己最初的选择是正确无比的。女人，虽然是弱者，但却一定要经济独立。你可以在爱情上依靠一个男人，但你却不能在金钱上依附别人。一个讲求男女平等的社会，男人与女人之间要相互看齐，当一个女人在经济上独立时，她才能在爱情上与男人平等。

　　"我不喜欢别人把我无序的生活或思想变得有条有理。秩序是一种主观的现象。我同样不喜欢听建议，不是因为我固执，而是因为我太容易受到别人的影响，而且，人们给你的，往往只是玩具、药物或是只适合他们的建议。我也不喜欢依赖别人生活，因为一旦依附了别人，我就会变得软弱下来（那是我殷勤的一种表现），而我不喜欢软弱。"

这就是可可·香奈儿，一个我行我素的可可·香奈儿。她可以在卑微的日子里怀揣美好的梦想，可以在被人轻视的时候依旧坚强，那个曾经生活在社会底层的香奈儿终于可以骄傲而又自信地大声说："我不亏欠任何人。"

作为女商人和设计师，可可·香奈儿无疑是成功的。多年后，当可可·香奈儿回顾自己时尚生涯的时候，可可·香奈儿曾经这么说："天上不会掉馅饼，我需要亲自和面做出来给自己吃。成功的秘诀就在于，我一直在辛苦地工作。我工作了50年，和所有人一样努力，甚至比任何人都更努力。政权、胆量或机遇，什么都无法替代工作。"

只要努力就会获得回报，勤恳的可可·香奈儿喜欢这种通过劳动获得价值的感觉。她不喜欢人们像玩弄小猫那样支配自己。她径直走在自己开辟的道路上，虽然这条路也曾让可可·香奈儿感到厌烦，但她是这条路的奴隶，因为这是可可·香奈儿自己作出的选择。

高高在上的姿态、果敢霸气的自信，她是狮子座的女人。

事业、工作，设计，她是一个自由独立的女人。

从弃女到情妇，从情妇到商人，这是可可·香奈儿的选择。既然选择了，她就不会后悔。无论怎样，脚下的路，还是要走的。艰难也好，困苦也好，就算是筋疲力尽，也依然要前行。脚下的步伐有多少，心中的酸楚有多少，距离成功的终点就有多近。

那时的可可·香奈儿，享受自己的所有，尽管这个过程偶尔也会让人疲惫不堪，但是只要有梦想的陪伴，辛苦也是快乐，获得成功的那一刻，所有的磨难都值得。她喜欢那些简朴的设计，人们那些惊喜的眼光，对于可可·香奈儿来说，这不仅仅是享受。

那些款式新颖各异的女帽，承载着可可·香奈儿的梦想。

弹指一挥间，生活在改变，容貌在改变，心境在改变，但可可·香奈儿依旧在坚持迈着通往成功的脚步，她始终觉得，那束熹微的光芒就在自己的眼前，只要自己努力一些，再努力一些，那束光就会越来越耀眼，越来越温暖。

　　人生不就是如此吗？匆匆数十载，就是我们通向理想的旅程，一步步，一寸寸，那就是生命意义的见证。

「 品牌诞生 」
开一家店，向着太阳的方向

从你呱呱坠地的那一刻到驾鹤西游的最后瞬间，这一生我们会遇到太多的人，经历太多的事。无论是狂风暴雨，还是风和日丽，所有的事情都会加快你成长的脚步，让你学到更多的东西，即便是别人的事情也能让你吸取到难得的经验和教训。历练过后你会变得强大，心怀理想你会变得成功。那无边无际的天空便是你未来的世界，你能看多远，就能走多远，也就能拥有多少。

痛苦的轮回中，能够拯救我们自己的只有人生的梦想和心中不变的信念。

可可·香奈儿从小被穷困与苦难所困扰，颠沛流离，饥饿、贫穷、死亡，就像幽灵一样伴随着活在社会底层的劳动人民，又有多少人被穷苦所伤害。不管是健壮的青年还是娇媚的少女，抑或是年逾花甲的老妇，谁都没有办法逃脱这样的命运。

对于苦难与打击，可可·香奈儿已经有了预感。坎坷，那是生活旅程上不可或缺的过程；人生，从来都不是一个平静的旅途，充满了喜怒哀乐，还有悲欢离合。她清楚地知道这些，毕竟是穷苦人家的女儿，很多事情她已经看到，也早已经有了思想准备。

当重回自由，当永远离开奥巴辛孤儿院的时候，可可·香奈儿就像是一只被长久关在笼中的小鸟。她是那样渴望天空，渴望自由，但又是那样恐惧未知的生活，眼前所要面临的一切都是那么美好而又可怕。

一颗还有些天真的心，一张还稍显稚嫩的脸庞，在遥望着远方的道路，可可·香奈儿的心中充满了美好的希望，那是对于未来的幻想，是对于理想的勾勒，还有对于未知世界的好奇以及恐惧。一个年轻的生命总是承载了太多的幻想与美好，想象着自己以后能够成就的伟大事业，能够改变周围所有的一切。就像是路边绿色的小草，看似渺小却蕴含着绝处逢生的强大的生命力。

这株名叫可可·香奈儿的小草，从弃女变成名媛，从情妇变成设计师，变成女商人，变成被历史记住的人。一步一步，她从未觉得某个时刻，自己需要放弃了，需要停下脚步。可可·香奈儿觉得自己是一个坚毅的人，一定能够突破混沌的黑暗去实现自己的理想。她也执着地相信着，物极必反。阴雨绵绵过后会迎来晴天、苦尽甘来才是大自然的法则，没有永远的冰冷，也没有长久的幸运，一切都在变化之中。历史的车轮碾过，从来都不会留下任何痕迹，我们看见的永远都是结果。

即便是精明能干的可可·香奈儿，对于复杂的感情，香奈儿也会有找不到头绪的时候。曾经，她不确定亚瑟是否爱她，也不确定他是否会娶自己。但是现在可可·香奈儿唯一确定的是，自己要在时尚这条路上继续走下去，走到最远，直到自己没有精力的那一刻，这是她的信念。

可可·香奈儿在时尚的道路上，依旧坚持着简约与轻便。"没有什么比烦琐、累赘、故作气派的装束更让一个女人显老了。"可可·香奈儿一贯坚持着这样的看法。所以可可·香奈儿设计的帽子也是简约大方，去掉了让人压抑的烦琐装饰，可可·香奈儿自己也是轻装上阵，依旧像个学生一样。

在注重华丽的时尚界里，可可·香奈儿开辟出了一条有着自己风格的道路。焕然一新的可可·香奈儿也在亚瑟面前充满了自信：自己不再是情妇，而是独立的设计师。当她大胆地与亚瑟一同出现在赌场里的时候，也是可可·香奈儿最骄傲的时候，因为她不再担心亚瑟会丢下自己独自欢乐。"所有的视线都落在我们身上，我羞怯的亮相，我笨拙的脚步，与一袭简洁而美妙的白裙形成了鲜明的对比，引起了所有人的注意。当时的那些美人都感到惴惴不安，她们嗅到了某种未知的威胁。"

当然，受到威胁的还远远不止舞会上那些花枝招展的女人。如果设计师保罗·普瓦雷当初不那么轻视可可·香奈儿，也就不会有这样的感慨："我们当时真应该小心提防那个梳男孩头的人，她已准备好给我们带来各种冲击和创作。变戏法般地从她那顶魔术师的小帽子里掏出头饰、珠宝还有各种精品。"

青青的小草，总是那般的不惹人注意，然而它内在的力量，却又是如此的让人震惊和诧异。那种威慑力让人心生畏惧。

这样的可可·香奈儿我们从未预料过，而未来，她会成为怎样的人，我们也无法知晓。我们只知道，她只会变得越来越强大，越来越勇敢。

1913 年，可可·香奈儿的帽子店变成了第一家服装店，就在法国的杜维埃。

那些出自可可·香奈儿之手的衣服，都如同她自己的性格和打扮一样比较中性。这些男孩子气的衣服也都是从亚瑟那里取得的灵感。现在的可可·香奈儿已不再幼稚、不再天真了，她不再幻想充满浪漫气息的紫色长裙，也不再痴迷性感的蕾丝婚纱。她开始接受现实，也变得实际了，实用性往往比外表的单纯美丽会更长久，那些浮华艳丽的裙子，只适合小说里的主人公。

可可·香奈儿取得了成功，事业带给了香奈儿安全感，这是不可否认的，但此时可可·香奈儿的心中却承受着煎熬，因为亚瑟。

曾经觉得亚瑟是上天赐予自己的礼物，而今，这个礼物离自己越来越远。

在那个女人不能轻易抛头露面的保守年代，当身为情妇的可可·香奈儿挽着亚瑟的胳膊，与好友一同去餐厅吃饭的时候，她的心中充满喜悦，而一场血雨腥风正在悄悄降临，让香奈儿的心坠入了谷底。

邻桌一对男女正在等待就餐。优雅的小提琴演奏，绅士般的服务生彬彬有礼，一切都高贵典雅。然而出人意料的是，就在等待的时候，一个女人突然闯了进来，径直走到男女这一桌的旁边，她美好的脸庞掩盖不住心中的愤怒，她要求眼前这个男人与自己一同离开。然而，那个男人却拒绝了。正是男人的拒绝，让这个闯进来的女人怒不可遏，恨不能立即带着男人离开。愤怒冲昏了理智的头脑，女人拿起一只高脚杯，用力地握着，并用杯脚划伤男人的脸庞。香奈儿似乎听见了玻璃划过肉体的声音，伤口慢慢变大，一点一滴，血流了出来，布满了男人的半边脸。血依旧在流淌，一道红红的血迹，那样狰狞而丑陋。

这一幕，让本与自己无关的可可·香奈儿彻底崩溃了，那喧闹的争吵声，那道杯脚划出的伤口，在脑子里旋转不停，挥之不去。她要逃离，逃离这个让自己害怕的地方。她冲出餐厅，踉踉跄跄地爬上楼梯，奔向一个不知道是什么的房间，紧紧地关上房门，想要隔绝外面的一切。可那隐隐传来的吵闹声，依旧不肯放过自己，香奈儿慌张地躲藏在一张桌子下面，她蹲下来，捂住自己的耳朵，她不要听见那些声音，她拼命地摇头，任凭眼泪流出。她只想祈求时间过得快一些，好结束楼下那场战争；她祈求与自己同来的那三个男人能够追上来，抱住自己，安慰自己，给自己最坚实的臂膀，用温柔隔绝一切。

然而，什么都没有，时间依旧在一点一点按照自己的节奏向前行进，它没有按照可可·香奈儿的意思加快脚步，而楼下的那三个男人，也无动于衷，没有给予可可·香奈儿任何安慰。

这一刻，对于可可·香奈儿而言，亚瑟的作用甚至抵不过一张桌子！她的心已经不再指望任何人了。这个曾经给予自己无限关爱的男人，这个偷走自己心的男人，却是这般的无情与冷漠。

一个人的心究竟有多大？可以装下些什么？整个世界？一个家庭？一个女人？或许，人的心就是巴掌大的一块地方，只能容下少数重要的人。一旦他的世界里有新的人介入，那么曾经的旧人就会被清除，留下空位给新欢。可可·香奈儿在猜测，亚瑟已经有了别的女人。可是她还是自欺欺人地欺骗自己，她是不在乎的，亚瑟忠贞与否自己一点也不介意。只要自己还能够站在亚瑟身边，只要自己与亚瑟在一起的时候是开心的、快乐的，其他的都不再重要。假装宽容大度的可可·香奈儿还是装作开玩笑一样地询问亚瑟，他与哪个女人睡过了。每每这时，亚瑟就是哈哈大笑，不了了之。也许，亚瑟是在笑可可·香奈儿的天真，也许是在笑她的执着，也许，他仅仅是把可可·香奈儿当作孩子，而她这样的提问，便是孩子的无理取闹，而面对孩子的无理取闹，最好的解决办法就是一笑而过。

亚瑟，虽然可可·香奈儿将自己完完全全交给了他，可是他，却不只属于自己。他不会永远都陪伴在自己身边，他可以随时来，也可以随时走，自己没有办法，只能无动于衷。

直到那一日，可可·香奈儿终于承受不住这样的煎熬了。

可可·香奈儿知道，自己很容易失去知觉，那些生活的压力、梦想的欲望、事业上的烦恼，都让可可·香奈儿在精神上承受了太多太多。犹如一根扁担，已经被重物压弯，如果再多承受一些，便会折断，此时的可可·香奈儿，正在逐渐接近崩溃的边缘。就在赛马场上的那一刻，沉重的负担犹如洪水猛兽一般突袭，来势汹汹。一下子，可可·香奈儿倒下了，身体不受控制地下坠，下坠，而眼睛里，可可·香奈儿看到的是亚瑟宽厚的肩膀。如果这个肩膀能够将自己弱小的身躯拥入怀中，那自己宁愿昏倒。此时这个站在自己身旁的男人，仿佛没有察觉到一样，依旧淡定自若，依旧自顾自地策马奔腾，飞驰在跑道上。那个自己托付的男人，就这样丢下自己，向着远方跑去，越来越远，越来越远，远到自己伸出手臂也不能抓住他的衣角，更感受不到他的体温。扑倒在地的那一刻，香奈儿觉得，这就是自己的结局，一切，就这样结束了。

一个又一个深夜，可可·香奈儿孤枕难眠。黑色的夜空，黑色的睡衣，黑色的墙饰，在这个沉重得让人压抑的屋子里，可可·香奈儿的脑中始终有一个人的身影挥之不去。此时此刻，他在哪里？在做些什么？是不是在和别的女人温柔细语？是不是也和自己一样彻夜无眠？如果是这样，那么为什么他不来找自己？

　　没有回答，可可·香奈儿一连串的疑惑就这样被黑色淹没，悄无声息。睡意越来越少了，滴答滴答时钟在响着，时间在一分一秒地溜走，当黑夜变成朝阳，当余晖消失在夜空，可可·香奈儿没有了亚瑟给予的安全感，她也不再期盼，不再等待。可可·香奈儿开始慢慢习惯了与孤独为伴。某一方面，可可·香奈儿就是适合孤独的。高处不胜寒，喜欢黑色的可可·香奈儿注定孤独。

　　于是，孤寂的可可·香奈儿开始在自己的时尚事业里寻找爱情中缺失的安全感。唯有这时，她才能找到自己存在于世间的意义，找到活着的踏实感。

　　弱小瘦削的女子，能够这样的坚持和执着难免有些让人心疼，可是人生不就是如此吗？即使此刻乌云满天，狂风暴雨，然而终究有雨过天晴的时刻。踏过荆棘满布的小道，便会迎来宽广的坦途，一切终将过去，只要你能坚持下去，只要不放弃，那属于胜利的希望之花就会在你的生命中悄然绽放、至美无极。

「 把握机遇 」
战争摧毁不了爱美的心

没有人喜欢战争，这是你不得不承认的事实。

无论是过着穷困潦倒的生活，还是每天锦衣玉食的只顾享受，或许你有着远大的理想等待着自己去实现，或许你有着许许多多还没有完成的愿望，每个人都希望自己的生活平静而安稳。所以战争，无论是哪一国的人，无论你说着怎样的语言，无论你是什么肤色，战火硝烟，伤痛与死亡，无家可归的绝望，这些都是人们心中最不愿看到的。

人说水火无情，同样，战争也是无情的。冰冷的子弹，冲天的火光，让人胆战心惊的轰炸声，随处可见的倒塌的房屋和被破坏的建筑物，构成了一幕幕血淋淋的事实——他们早已经家破人亡。人人都渴望和平，但是和平却不能永驻。

走进战火硝烟的残酷世界，烟雾滚滚，还有一望无际的废墟，荒凉中带着悲哀的味道。曾经那一片祥和之地是多么令人向往的世外桃源啊！而今，物是人非，四处都是胆战心惊的无助和无家可归痛失家人的恐惧的场面。战争一旦爆发，带走的就是往日的安宁与和平，取而代之的是灰暗的废墟和刺眼的火光。灰与红的交错，匆忙闪躲的身影，即便是曾经再繁华的地方也会遍布凄凉，那些温馨仿佛就发生在昨天，而现在，只剩下一片萧条，一场凋零。

多少年之后，生活在和平时代的我们，永远无法想象战争带走的到底是些什么，是心中的乐土？是富足的生活？是亲密的爱人？是宁静的家园？或许，这些都是，但这些却远远不够。当幼小的孩童因为战争而失去了双亲，变成孤儿的时候，他楚楚可怜的眼神与瘦弱的身躯已经让他的心中不再对未来抱有希望。当富足的商人因为战争而家破人亡的时候，他的内心无时无刻不在祈求上天，如果一切可以重来，那他自己宁愿不要这些身外之物，只要能够与家人平安喜乐就足够。而这些看似简单的要求，在战争充斥眼球的地方，却变成了最大的奢望。

颠沛流离，生离死别，没有什么比这些更让人憎恨战争的了。那些生活在社会底层的老百姓，不明白为何上层的统治者会这般的残忍，为了自己争权夺利的私欲，就全然不顾百姓的安危，为何自己只要吃饱穿暖就可以度过余生，偏偏要遭受统治者造成的磨难。

无情的战争就是这样让人恐惧与心寒。当人们还在享受自己富足生活的时候，没有人预料得到，一场被历史永远记住的战争即将爆发。

1914 年 8 月 3 日，德国向法国宣战，第一次世界大战就这样爆发了。战争所涉及的诸多西方国家，也都未能逃过这场灾难，顿时，混沌一片，翻天覆地的变化扰乱了所有人的生活，这当中，也包括可可·香奈儿的情人亚瑟·卡佩尔。

战争爆发，所有的男人都去了前线，留下的只有老人和妇女。战争爆发后不久，亚瑟就加入了英国远征军。亚瑟在服兵役时的良好表现让他在第一次世界大战中被任命为二级中尉。

事物都有其两面性，没有全好的一面，也没有实实在在坏的一面。亚瑟表现出来的勇敢与责任感让人记住了这个商人，他的优异表现在未来的商业和从政的道路上，多多少少也为其开拓人脉的资源。对于亚瑟来说，离开巴黎，离开可可·香奈儿，也是一场考验。

战争扩大之迅速是我们不能够想象得到的。宣战之后的半个月内，就有接近三分之一的巴黎人争先恐后地逃离了这个噩梦一般的地狱，只为了寻求一个安全的地方，然后默默等待战争的结束。在这三分之一的巴黎人中，大多数上流社会的贵族，选择了逃到看上去安全很多的酒店和别墅，逃到多维尔。

　　事业越见起色的可可·香奈儿此时却没有像其他人那样惧怕战争，而是在战争中看到了发展的机遇。

　　战争的残酷给那些战场上的人们带来了身体上的痛苦，伤痛与残疾让人们苦不堪言。大量的伤残人员住进了医院，此时不少上流人士也都去医院当志愿者。工作量大，工作时间长，再加上工作环境的影响，在可可·香奈儿看来，这些志愿者需要的是简洁朴素的衣服，只要适合工作便是最好，无须华丽。

　　的确，因为战争的爆发，人们的生活水平呈直线下降的趋势。当温饱已经不能得到保障的时候，人们往往更注重实用性。再华贵艳丽的服饰对于身处战争中的人来说，都是一种不需要的浪费。而逃亡度假胜地的一些贵族，也不再讲究品位与尊荣，不举小舞会也无所谓，不吃山珍海味也可以接受，不睡真丝绸缎的床单也可以照常睡着进入梦乡，只要那些度假胜地的服务生能够提供什么样的生活，他们就享受什么样的待遇，那些贵族的架子因为战争而消失不见，他们也不做过多的要求了。

　　可可·香奈儿从中看到了商机。聪慧的可可·香奈儿觉得这些人需要自己适宜的生活，需要自己的衣服。于是，在法国街边的商铺早已经关门大吉的时候，唯一可以买到衣服的地方就是可可·香奈儿的店。

　　物资匮乏的时代，可可·香奈儿的工作室也受到了影响。尽管社会上对于自己设计的衣服有着大量的需求，但是想要做出更多款式的衣服，可可·香奈儿的工作室却没有足够的布料。但是，我们都不曾忘记，可可·香奈儿是一位富有创造性的设计师，她的奇思妙想让人惊奇。她可以用自己的聪明才智解决布料不足的问题，而且是如此地简单轻松。

　　可可·香奈儿收购了所有法国劳动人民最常使用的针织面料，虽然并不高档，但是可可·香奈儿巧妙地搭配了塔夫绸花边、鲸鱼撑等一些材料，二者的碰撞组合，给人以舒适极简的现代感，在穿着感受上，也比以前那些装腔作势的衣服更加贴身舒适。以前那些拖地的长裙，可可·香奈儿也剪短到了脚踝。不必用手提着裙摆，也可以随意地走动，轻松自如。

当这些经过香奈儿改良的衣服流行起来的时候，当越来越多的贵妇来到可可·香奈儿这里购买衣物，可可·香奈儿已经开始有些应接不暇了，供应不过来，可可·香奈儿便开始让自己的助手缝制衣服，来满足顾客的需求。

不仅如此，可可·香奈儿还经常在自己的工作室举办各式各样的活动，目的就是吸引更多的新顾客，也让老顾客得到更多的实惠，很多有钱的女人也都在这一时期成了可可·香奈儿的忠实粉丝。对于战争时期突然降临的可可·香奈儿热潮，可可·香奈儿本人曾回忆说道："我就在适当的地方，抓住了上天赐予我的机会……人们需要的就是简约、舒适、整洁，不经意间我提供了全部……而财富变得太普通了，普通到与贫穷一样。有钱人越来越多，造成了一种不正常的狂热，人们开始渐渐习惯于从一种风格转向另一种风格，从任何地方任何国度找寻灵感，但却忘记了自己想要的究竟是什么。"

可可·香奈儿所说的那些简约、舒适、整洁的衣服，其实最开始只是她为了休闲运动而设计的服饰，如今可可·香奈儿却没想到在战乱的年代，这些宽松朴素的衣服满足了战时人们的需求，让那些迷茫的人们知道了自己究竟需要的是什么，让她们喜爱，并受到追捧。

战争给人们带来无穷无尽的痛苦，年幼时候的可可·香奈儿也曾经经历过痛苦生活，虽然那并不是战争造成的结果，但与苦难为伴的日子，可可·香奈儿充满了幻想。可当幻想成真的时候，可可·香奈儿却不再抱有幻想。在时尚的世界里，幻想并不能永久长存，现实感才是主宰一切的灵魂精髓。那些充满梦幻色彩的服饰并不适合经历战争的人们，时尚兼具简洁，才是人们应该需要的。

一面，经营服装的可可·香奈儿抓住了机遇，专心发展自己的时尚事业，而那一面，只要亚瑟有机会离开战场前线，便会回到巴黎继续打理自己的生意。然而，经过战争的摧残，眼前的巴黎已经不似当初那般繁华耀眼了。典雅的交响乐不再响亮奏起，剧院的门口再也听不见演员们的台词，曾经熙熙攘攘的街道也没有了往日的喧闹，股票交易大厅也门扉紧闭，所有的成年男性都奔赴战场，加入到这场保卫和平的战争中。

法国巴黎，曾经的时尚之都依旧用着这个名字，但经历过战争的城市却让人从心底里觉得陌生。

走出巴黎，战争依旧在继续。短短的半年时间，就有大量的人失去了生命。家园被摧毁，亲人被死神带离了自己的身边，更加让人感到恐惧的是，随着战争的扩大，各国的军队开始使用大量的手榴弹、火焰喷射器，甚至还使用了新研发的并不知道名字的毒气。

在前线奋战的人们随时可能会失去生命，为了亲人的安危，也为了国家的和平，他们顽强地坚持战斗。

1915 年的夏天，战争已经持续了一年之久。趁着前线的短暂休战，亚瑟带着可可·香奈儿来到了比亚里茨的一个南部城市度假。

亚瑟不再去管战场上的事，而可可·香奈儿也把自己的店交给了女销售员帮忙打理。放下工作，抛去烦恼，人生还是需要享受的。就这样，一对男女暂时远离了战火硝烟，享受了一段难得平静的二人时光。

就在那个风景秀丽的比亚里茨，在蔚蓝色的海边，你会看到一个绾起头发，身穿黑色泳衣的瘦削女人在尽情地享受着太阳浴带来的和煦。1915 年的法国对于古老的中国而言，虽然是开放的欧洲国家，可是却也没有人敢大胆到这种地步。在人们的印象里，只有那些伤风败俗的女性才会穿这样的衣服。但是用现代的眼光来看，这样的泳衣更像是一种裙子，它可以很好地展现女性的优美曲线，又不十分暴露。在如今，人们对这样的穿着已经习以为常。追求时尚的可可·香奈儿，在那个时代便已经拥有独到的眼光，走在了时代的前沿。富有前瞻性的眼光让人着实佩服她的设计天赋与审美观点。

　　战争，带走了所有，但却没有带走可可·香奈儿追求美丽的那颗心，她在继续自己美丽的事业。动乱的年代，可可·香奈儿带来了独特的美丽，拯救了那些上流社会的女性爱美之心。可可·香奈儿自己，也成为了一位具有现代创新意识的职业女性，她不单单是亚瑟·卡佩尔漂亮的情妇。

「 时装王国 」

人人向往康朋街 31 号

有些时候我总是在想，凡尘俗世里的普通女子，到底要有着怎样的故事和经历才会被人称之为传奇女子。我们都是凡人，平凡得不能再平凡。对于那些被写进历史的传奇女人，或许我们永远都无法见证她们的传奇。

我们没见过像奥黛丽·赫本那样美丽的女子，也没见过像玫琳凯·艾施那样拥有雄心壮志的女人，或许，我们看过她们的电影，用过她们的化妆品，但是我们却都不能亲身经历她们的旷世传奇。

虽然如此，但传奇女子就是传奇女子。无论过去多少年，经历多少时光，她们仍会被人们、被历史记住。

她们是芬芳中的奇葩，也是永不凋零的雪梅。

有人这样评价可可·香奈儿："世上有很多设计师，其中不乏比可可·香奈儿更富有的人，但没有一个像她那样，改变了自己的时代。她经常被贬损为一个设计裙子、珠宝与手袋的名人，有着不雅的私生活——她被描述成那种典型名人，但这解释不了她为何是了不起的，也妨碍我们从'人'的角度去了解她。对于一个在现代世界形成中扮演了重要角色的女人，这有失公允。"

可可·香奈儿有着许许多多为我们所不知道的一面，人都是多面性的，我们并不能否认，人也并不是完美的。对于可可·香奈儿，我们知道的太少，想要了解的却太多。

什么是时尚？想要了解可可·香奈儿，我们需要先弄清楚这一点。

时尚，很多人觉得是那些身材高挑的模特在 T 台上展示的走秀，也有人觉得是穿几件时髦的衣服，也有人觉得是化了一个精致的妆容。只是这些，都太过于肤浅和虚荣，人们看到的只是表面，而不是内在。

真正的时尚是一种精神，那种扎根于骨子里的东西才会让人变得典雅高贵、斯文内敛。而那颗十分敏感的心，却总是超前的，思想跟随着心，让人总是能够源源不断地创造出独具特色的时尚理念和新鲜作品。

可可·香奈儿，就是时尚的代名词，她的存在，就是时尚。

不管是俏皮的白色短衫，还是典雅的黑领结，不管是简洁朴素的外套，还是活泼的小短裙，抑或是新款的夹克衫和毛衣，无一不证明着：可可·香奈儿解放了女性，用这些做工精细、简朴端庄、线条分明的服饰还给了女性自由。曾经那些夸张和烦琐的服饰，在可可·香奈儿面前开始变得黯然失色。

时代更迭，只有旧的被新的所取代，社会才能得以发展。第一次世界大战已经蹉跎了人们 4 年的光阴。1918 年，战火终于平息了，生活开始朝着安宁迈进，可可·香奈儿，也作出了一个新的决定——重返巴黎康朋街 31 号，继续她的时尚事业。

时势造英雄，作为法国人的可可·香奈儿或许也知道中国的这句古语。在"一战"期间，可可·香奈儿抓住了机会，让自己的时尚事业达到了一个新的高度。重返巴黎康朋街之后，可可·香奈儿依旧凭借着敏感的心，巧妙地顺应了社会的变化，设计出了诸多新款衣服：她将纯白色的针织布料剪裁缝制成了女款衬衫，这种衬衫没有烦琐复杂的装饰，没有琐碎的袖口花边，更没有突兀的点缀。可可·香奈儿去掉了所有的复杂的装饰，只是将衬衫的领口开得比较低，仅此而已。不如那些华丽的服饰耀眼，这种简单到不能再简单的衬衫看上去有那么一点点的寒酸，好像这种衣服的存在只是为了蔽体，而不是为了彰显贵族地位。

或许，那些有钱的上流社会的人是这么想的，但可可·香奈儿本人也调侃地将这款衬衫称之为"穷女郎"。

循环守旧是阻碍时代发展的障碍，只有不断地创新与发展，才会为时代前进注入新鲜血液，使其充满活力与激情，"顺应时代发展"成了不变的真理。

当周围都是华贵艳服的时候，"穷女郎"的出现便成了一种另类的时尚。它的出现，给人眼前一亮的新感觉，随之而来的，是抢购一空的热潮。灵感犹如源源不断的泉水，一旦被发觉，就会如泉涌般地止也止不住。可可·香奈儿设计的衣服，一件接着一件问世：露膝裙、喇叭裤、纯海军蓝的套装、长及腿肚的裤装、线条简洁流畅的紧身连衣裙、宽大的女套衫、平绒夹克以及长及脚踝的晚礼服……那些人们想都没有想过的服饰就这样占据了市场，让人们为之疯狂。

可可·香奈儿享受这样的感觉，仿佛她已经开启了一个全新的时装界时代大门，人们蜂拥而至，为了寻求时尚的秘籍。穿上可可·香奈儿的小外套，换上可可·香奈儿的短裙……可可·香奈儿这个名字，成为了人们口头禅一样的常用词语。迷住了那些贵族，也迷住了那个时代。

而康朋街 31 号，成为了人人向往的时尚世界。

可可·香奈儿是有追求的人，想要缔造一个时尚王国，仅仅一个康朋街怎么能够满足！

很快，在比利亚茨的嘉和黛黑大街，可可·香奈儿的又一家沙龙店开始了它服务人们的使命，这是可可·香奈儿在比利亚茨的第一家时装店。

比利亚茨，一个法国的旅游小镇。位于圣马丁山峰和拉塔拉亚高地的前端，比利亚茨一路向北，似乎想要与"爱之星"的海滩有一次亲密的接触。在这个浪漫的沿海小镇，可可·香奈儿选择了一个高档的大型别墅来作为自己的店面。作为基础的面料，可可·香奈儿选择了针织物——这是一种极为特殊的面料。

在早些年，这种面料曾经十分流行，但是由于在视觉上给人很沉重而又稍显低级廉价之感，也只是在沙滩打网球的时候才会穿。这一次，可可·香奈儿将重新诠释针织物的美感，带给人耳目一新的感觉。

最开始，可可·香奈儿选择了灰色，而后又增加了珊瑚色和玛丹娜蓝，再加上各种各样的灰色，可可·香奈儿将这种廉价的针织物演绎到了极致，比利亚茨的沙龙俨然成了一个针织物服装店。

只有当可可·香奈儿真正将低廉的针织物卖给了有钱人，人们才相信她的实力与能力。大街小巷，到处是穿着针织物的时尚潮人。可可·香奈儿也再一次证明了自己的创造力：她将帽子的材料改成起绒料，将薄纱和天鹅绒用于女装，将丝绸和珠子作为衣服的装饰物。可可·香奈儿独特的创造力征服了人们守旧的心。所有的物件在可可·香奈儿这里似乎都可以成为精品，她可以将低廉的纺织物变为高档的服饰，而丝毫看不到它的低端与廉价；她可以将兔毛用在衣服上作为装饰，丝毫显不出平民阶级的痕迹。这就是她的神奇所在。

为何可可·香奈儿总是能将廉价的物品提升档次和地位，然后高价卖给上流社会的人们？这是一种能力？还是一种创新？也许是一种投机取巧？或许，不是可可·香奈儿的大胆，而是那些人错了，而且错得太久太久。那些曾经崇尚昂贵皮毛的人们只是混淆了时尚与金钱，以为越是昂贵越能彰显品位与地位，越是能够被人们认可为时尚的品位。根深蒂固的想法一代延续一代。让人们忘记了简约才是最重要的，而金钱，并不能够代表时尚，即便是低廉的材料也能穿出时尚的气息。重要的是设计，而不是价钱。

可以说，可可·香奈儿掀起了女装革命的浪潮，她的成就，不仅仅是作为第一，而更在于其带来的深远的后续影响。

可可·香奈儿对于服装设计的重点，不是材料的选择，而是更加注重衣服的样式、轮廓与结构。那些让人眼花缭乱的复杂与烦琐早就应该被去掉。可可·香奈儿设计的服装都是简约朴素的风格。放松腰部束缚，将衣服的腰围线降到腰部以下，如此一来，明了轻松的线条会给人清新的感觉。具有远见的可可·香奈儿，在简洁的衣服上配上适当的装饰，珍珠、薄纱都是她的选择，而大胆地露出女性的脚踝甚至是小腿，更是具有了划时代的意义。

在可可·香奈儿比利亚茨的沙龙店里，那些款式新颖的衣服让人眼花缭乱。那种受欢迎的程度曾让可可·香奈儿受宠若惊，甚至不敢相信。大量的订单堆积成山，这些订单来自不同的城市，不同的客户。甚至一些西班牙的贵族也对可可·香奈儿设计的衣服颇感兴趣。

实在是太忙了，可可·香奈儿不得不做出一些安排。她将自己的首席设计师玛丽·路易丝·杜雷派去了巴黎，负责可可·香奈儿在西班牙的客户。

实践证明了，时间与金钱是成正比的。此时的可可·香奈儿塑造了新的自我，展现了自己的天赋，也证明了自己可以依靠自己，无须他人。当工作的目的不再是为了赚钱之后，可可·香奈儿开始喜欢工作，这不仅让她找到了生活的意义，实现了自我价值，也成了她从此独立的标志。

时间的日历翻到了 1916 年的年底，曾经流逝的岁月历练出了不一样的可可·香奈儿：无论多忙，她依旧会亲自挑选面料，但却不踏进工作室半步。她也会在店里待到午夜，而这取决于是什么顾客。有时，她也不和顾客打交道，这些事情都会交给助手去做。

这时期的可可·香奈儿就是一位女王，气场十足。当劳斯莱斯停在门口，司机为其打开车门，你会看见，可可·香奈儿高傲地走出来。属于可可·香奈儿独有的黑色服饰，庄重而简单，但却不失优雅与高贵。

称其为女王，可可·香奈儿当之无愧。她如女王一样孤傲，可以不用法权，但却可以用自己时尚的魅力统治他人，超出国界；可以每年拿出 400 个决策，每一个决策都像法律一样不容撼动。这样的女王——可可·香奈儿，用自己的方式被人们永远记住："20 世纪的法国，3 个名字永垂不朽：戴高乐、毕加索和香奈儿。"

　　能够得到如此的认可，可可·香奈儿这一生是成功的，也是无人能企及的。她创造的是奇迹，是传奇。对于自己的成就，可可·香奈儿却很淡然：

　　"我的传奇由巴黎与外省、白痴与艺术家、诗人与上流人士们一起缔造出来，它千变万化，复杂而又粗浅得让人难以理解，因此我迷失其中。首先，我来历不明：音乐厅、歌舞场还是妓院？对此我感到遗憾。更有趣的第二点，有人说我是能够点石成金的'女王麦德斯'。"

　　作为一名时尚王国的女王，可可·香奈儿不但果决、勇敢，更有着坦率的性格。她依靠自己对时尚的独特洞察力和敏锐的捕捉力创造了女性时尚的新纪元，她用自己的独立和聪敏重新定义了时尚。这样的可可·香奈儿，可以像路易十四那样，用霸道而坚定的语气说出："我就是时尚。"简单的五个字，铿锵有力，不容人质疑，也没有人质疑。

| 第四章 爱情信仰 |

阳光照不进枯洛的空井

「 失意青春 」

在爱情与婚姻的抉择处被抛弃

永恒不变的爱终是难以寻觅的。

原来，经历过了爱情，才知道彼此相爱的人并不一定要终老一生，分岔路口，向左向右，才知道那些最美的年华，都回不去了。或许某一天，你会流泪醒来，梦境迷茫，仿佛一切都如从前一样不曾改变，可是那是梦啊，梦就是梦，代替不了残酷的现实。昨日不再，只剩徒然的悲伤。

人心啊，是多么的善变难测！感情啊，是多么的脆弱不堪！当陪伴在身边的人没有了新鲜感，当爱情遇到了权势和名望，当枯燥世界里遇见了清新的微风，一切就变得不再单纯、不再简单。那种一时的新鲜与刺激让无形的爱情显得是如此的轻薄！轻得就像是一朵蒲公英，微风拂过，就会无声飘落。

当一个名叫戴安娜的女孩出现在亚瑟世界里的时候，可可·香奈儿就知道，一切都要改变了。

不同于可可·香奈儿卑微的出身，戴安娜是贵族家庭里最小的女孩。一双蓝色的眼睛闪动着柔美，与可可·香奈儿的坚定勇敢不同。那是一个天真烂漫的女孩，也是一个甜美的小女人，戴安娜的一生，是那样娇柔妩媚。她可以听话得如同一个孩子，可以小鸟依人般地给男人征服与控制的满足感。她是一个需要人关心、需要人保护的小女人，她太脆弱了；可可·香奈儿总是太执着，太倔强，太有自己的想法和主见。

　　因为这一点，可可·香奈儿与亚瑟也曾闹过不愉快。对于女性的自主与解放，亚瑟是赞同的。可是当身边真的有这么一个女人，却又觉得有些难以接受。亚瑟甚至希望自己的女人可以少放些精力在工作上，可以安安分分地待在自己的身边，做一个女人应该做的，而不是像一个男人一样在外面拼命，但可可·香奈儿却不认可，她觉得一旦回归家庭，意味着自己又要依靠男人生活。

　　当一个女人太过强势，那么男人便会觉得自己征服不了这个比自己还要要强的女人。当戴安娜出现的时候，这种简单的柔情激发了亚瑟的英勇气概，他开始觉得自己要像一个大男人那样为其撑起一片天。戴安娜给了亚瑟无穷无尽的吸引力和诱惑力，而可可·香奈儿不断地成功，则让亚瑟备感压力。

　　仿佛是一座天平，亚瑟的心开始慢慢向戴安娜倾斜。

　　亚瑟会经常去看望戴安娜，也会关心戴安娜的日常起居，与这样的女人在一起，让亚瑟感到轻松和愉悦。

　　红尘之中的男男女女都不能摆脱世俗，面对恩爱过后的沧海桑田，那些情到浓时的甜言蜜语、海誓山盟，都如同绚烂多姿的烟花，美丽过后便消失不见。浮华的爱情还是要归于现实的平淡，品尝过生活的酸甜苦辣，才知道身边的那个人才是自己一生的守候。

　　在经历了多年不稳定的日子之后，亚瑟居然开始渴望安定的生活，这种感觉，亚瑟在戴安娜的身上可以清楚地感觉得到。她的一举一动，她的家族，她的一切，都给亚瑟安稳的感觉，他觉得这种感觉很好。

　　有时，亚瑟也会怀疑自己，他用催眠一样的方式告诉自己，这只是一种心情，一切都会过去的，一切也都不会变成可能。就像是一段插曲，只是自己的错觉产生的虚幻场景，不久，一切又会重回当初。当戴安娜在亚瑟身边不久，她便知道了亚瑟与时尚女王可可·香奈儿有多年的感情，而亚瑟也丝毫不避讳自己与可可·香奈儿的关系。

　　一个男人与两个女人之间的感情纠缠就这样开始了，夹在中间的男人不断地矛盾与犹豫着。

如果，当时的亚瑟遇见的不是可可·香奈儿，而是戴安娜，是不是就不会有这么多的纠结与伤害？是不是亚瑟与戴安娜就会获得那桩美好的姻缘？可惜的是，爱情里的事我们永远也作不了决定，而爱情里的先来后到，总是会影响着故事的发展。如果最初亚瑟遇见的就是戴安娜，或许这样的大众女人便不会吸引亚瑟的注意；如果可可·香奈儿没有遇见亚瑟，那便不会有什么时尚女王。对的时间错的人，错的时间对的人，无论哪一种，都会给爱情蒙上悲剧的色彩。

明明是两点一线的解决方式最直接，而人们却为了找到最佳答案，往往会将事情弄得更复杂。就像是亚瑟、戴安娜与可可·香奈儿。其实，亚瑟以为自己在两个女人之间做出选择就好，而就在这时，戴安娜与亚瑟之间也出现了小小的裂痕。他们对于彼此都有着不确定性，生活上的差距让亚瑟与戴安娜都在不断怀疑。另一边的可可·香奈儿，似乎也感受到了他们之间的感情已经在动摇。

岌岌可危的爱情就这样走在崩溃的边缘上，像是已经上了膛的手枪，也像是即将引爆的炸弹，随时随地都能致人死亡。

繁忙的工作让亚瑟暂时忘记了爱情里的是是非非。在 1961 这一年，亚瑟在伦敦发表了《对胜利及国家结盟计划的观感》的演讲，并且还获得了《时报》文学副刊的一致好评。事业蒸蒸日上，亚瑟更是一举成为凡尔赛盟国委员会英国部门的秘书。从政的仕途之路并不像商人那样随意自由，成为政府官员，你的一言一行、一举一动都会受到人们的关注。于是，亚瑟开始反思自己的私生活，他知道如果自己想在这条仕途之路上大显身手，自己就必须要洁身自好，只有保持良好的生活作风，才能在这条路上走得更远更顺利。

亚瑟也知道，自己必须要做出选择。是选择家境良好的戴安娜，还是选择陪伴自己多年的可可·香奈儿？一切，在亚瑟的心中或许已经有了答案。当人们在面临两难的时候，往往都会选择对自己最有利的一面。显然，出身贵族的戴安娜更符合亚瑟的需要。

　　还是需要一个结果来了结这一切的，不论是好是坏。当亚瑟决定告诉可可·香奈儿事实的时候，他需要的不是自己说些什么，而是怎样去告诉可可·香奈儿这个事实。

　　几年的相处让亚瑟十分了解可可·香奈儿，他深知，可可·香奈儿不是一个普普通通的情妇，他不能像对待其他情妇那样对待可可·香奈儿。这个内心强大的女人，自己需要告诉她一切的事实，而不是欺骗。于是，当多日不见的两个人面对面坐下，亚瑟给自己的决定做出了解释：戴安娜是贵族出身，受过传统的教育以及良好的家庭熏陶。在"一战"的时候，戴安娜去前线当过护士，自己就是在那个时候认识她的。她柔弱、孤寂，她就像是一个需要人照顾的孩子，她需要自己的臂膀去保护她，爱护她，关心她……

　　理智的人或许会在冲动的时刻保持清醒，在需要冲动的时候，却又是如此的冷静，让人心生敬畏。

　　可可·香奈儿此时此刻，就这样保持着冷静，沉默地听着亚瑟口中关于他们的一切故事，她听着从自己心爱男人口中提到了另一个女人的名字，想象着他们在"一战"前线所发生的一切。就这样平静地听着，一言不发，也没有落一滴眼泪。两个人就像是在会议上谈商务决策一样，一个人说着，一个人听着。

　　也许，这个时候的可可·香奈儿选择哭闹或是争吵，亚瑟还是会改变自己的决定，如果亚瑟对可可·香奈儿没有了感情，也不会在做决定的时候纠结不已。或许，可可·香奈儿如果能够示弱一些，亚瑟还是会回到她身边的。可是，她没有，可可·香奈儿就这样默默地听着亚瑟的决定和理由，然后在心底里安慰着自己，这一次，她自己一个人可以挺过去。

　　每个女人都有脆弱的一面，只是有些时候，她们会将自己最脆弱的一面掩盖起来，把坚强当作自己对外的掩饰。那就像是一个空壳，外表坚硬无比，内容却空洞而软弱。可可·香奈儿就是这样的女人，而亚瑟只看到了她坚强的一面。当一个外表坚强的女人去与一个柔弱无助的女人比较时，相信男人们都会选择自己直观看到的那个需要人保护的小女人。因为他们相信，像戴安娜这样的女人更需要自己，而像可可·香奈儿这样的女人即便是再大的困难，也可以自己撑过去。

于是，坚强成了为男人肆无忌惮伤害可可·香奈儿的利器，就是因为她坚强，男人才会选择离去，去保护他们认为需要保护的女人。殊不知，可可·香奈儿也是需要保护的女人，她只是轻易不将自己的脆弱展示给别人，但这并不代表她可以无坚不摧。同为女人，可可·香奈儿或许更加保护，因为她故作坚强，让自己撑得太久太久。她也曾经希望，如果自己遇见了心爱的男人，就放下一切伪装，不再逞强，不再伪装，就这样任由男人去保护自己。

可是，当她知道了那个上帝赐予自己的亚瑟已经开始喜欢上了别的女人，并且向那个女人求婚了的残酷现实时，这一次可可·香奈儿的坚强与勇敢没有起到任何作用。此时此刻，被抛弃的她就是一个小女人，不是强悍的女王，骨子里的脆弱让她彻彻底底地崩溃了，自己营造的爱情世界坍塌了。带着已经破碎的心，拖着瘦削的身体，可可·香奈儿搬离了与亚瑟共筑的爱巢。

多年后，回想自己漫长的一生，回想那些在不同时段陪伴自己的男人，可可·香奈儿发出了这样的感慨："也许我会令你感到惊讶，但总而言之，我认为一个女人若想要快乐，最好是遵从传统的道德；否则，她就要具有英雄般的勇气，而最后又必须付出孤独的代价。孤独能帮助男人找到自我，但却可以摧毁一个女人。"

她不曾后悔，也不曾埋怨，更不曾恨过谁。那些男人离自己而去，是注定好的安排，强求在一起，也是徒劳无功。好聚好散，不如给他，也给自己一个快乐的未来。她感谢巴勒松，是他带领自己步入了上流社会，开阔了眼界，为自己日后的成就开启了希望的大门。也感谢亚瑟，虽然他最后并没有选择自己为妻，但依旧还是感谢他，因为这个男人让可可·香奈儿懂得了什么是爱，也让自己真真正正爱过了一回。曾经拥有，那么便不会后悔。

她能够说服自己保持冷静与清醒，然而一个人的时候，可可·香奈儿还是会感到遗憾与不甘。亚瑟的选择硬生生地将她从甜蜜的爱恋里拽了出来，爱情的美梦被打碎，只剩下满地的残骸，还没有来得及去怀念这些曾经的美好，亚瑟就为这段感情画上了句号。

她纵然有着不甘，却也不能阻止亚瑟的选择，毕竟自己的出身是无法改变的事实。既然无法改变，也不能怨恨谁。

烟花总会落尽，浮华总会散去，往日的许多经历充满了太多坎坷，也充满了太多磨难。除却爱情，可可·香奈儿依旧是那个高傲的时尚女王，只愿自己这一生都能跟随着自己的心，想自己所想，做自己所做。没有了亚瑟，可可·香奈儿依旧对爱情充满希望，依旧对生活充满希望。她喜爱服装，喜爱设计，喜爱关于时尚的一切，她痴迷于此，终其一生不曾改变，而这也就足够了。因为无论怎样，她始终都是可可·香奈儿，那个独一无二的可可·香奈儿。

「 浓情蜜意 」
心尖上爆发的火山

　　生命里终究是要面对无数的分离，也总是要怀念过去。当上苍的安排驱使我们从相遇的那一刻开始就注定了以这样一个结局收尾。人海茫茫，仿佛我们彼此都是过客，没有一个人会在别人的生命中停住脚步，也没有一个人可以永远依依相伴。

　　无奈的现实让人想要逃避，于是，便有了自欺欺人，有了掩耳盗铃，也有了朦朦胧胧的茫然。我们总是在清醒的时候变得茫然麻木，总是在朦胧的时候变得轻松坦然，可是夹杂在恍惚之中的离别的思念，让人不知道到底这是现实还是梦境，抑或是不知不觉间陷入了对往事的回忆。

　　时间啊，总是拼了命地在奔跑，滴答滴答，似乎一刻也不想放慢脚步，也不会为了某一个人而停留，哪怕只是短短的一秒钟。曾经的一切都回不去了，唯有在梦中，还能相见。

　　原来，离别后的爱情一直都在梦里遇见。

　　梦中，那个男人亚瑟依旧是自己最坚强的后盾，那枚发冠依旧在闪闪发亮。可是梦醒，人已不在。双人床的那一边，冰凉而无温度。怀念是因为有爱，香奈儿还深爱着他。

　　此时的亚瑟，是不是在与戴安娜浓情蜜意？是不是早已经忘记了还有一个他曾经爱过的女人在等着他？爱情啊，是多么无私，为了自己的爱人宁可牺牲生命都心甘情愿；可爱情又是那么自私，世间有哪个女人愿意与别人共同享有一个男人！自己的情人变成其他女人的丈夫，可可·香奈儿的心里该是怎样的痛苦？她是不是还能如同往日一样，骄傲而又坚强？悲哀的身份让可可·香奈儿只能沉默不语，无言代替了一切的痛苦与委屈。她是如此地高高在上，心中即便是有万般不满也不会轻易地说出口。

她简单而又单纯，她没有那么多的计谋与心思，她只是想与爱人在一起而已，别无他求。即便是无名无分，即便只是他的情妇，即便是与其他情妇一同爱着他，却也好过他成为别人的丈夫。她不想失去亚瑟对她的宠爱，哪怕不及曾经热恋时的千分之一。可可·香奈儿好似一个小女人，她需要爱情的滋润与温暖的怀抱。

亚瑟，他终究还是离开了可可·香奈儿，走到了另一个女人的身边，与她组成家庭，成为丈夫，未来还会成为父亲。此时的可可·香奈儿让他不再迷恋，也让他不再想念。双人房、单人床，多少个寂静无眠的夜晚，可可·香奈儿只能独自一个人处在被黑色笼罩的卧室里，望着窗外朦胧的月亮，独自黯然神伤。没有打情骂俏，没有甜蜜耳语，有的只是孤独和发呆，还有那不知怎样度过夜晚的无助。

想来可可·香奈儿的一生，还真是随性自在，体会到了男人的宠爱，至情至性，亦真亦假。可是爱情的奇妙，又有谁能说得清楚呢！自以为付出真心，再轰轰烈烈的情感，到头来却也有如海市蜃楼一般。情妇终究是情妇，名媛终究还是名媛，可可·香奈儿终究还是可可·香奈儿，骨子里渴望的是爱情，而这爱情却应该如同交际场一样，要永远耀眼，永远炙热，永远瞩目，如果这份热忱消失了，那么也只能一场接一场地轮换下去。

逃离了噩梦的发生地，可可·香奈儿的新住处位于德比利46号码头附近的一座白色别墅。门廊的墙上装有很多面镜子，天花板上的油漆是可可·香奈儿最喜欢的黑色。明亮的镜子照射着黑色发亮的油漆，让可可·香奈儿有那么一刻恍惚了。空荡荡的房间里，除了可可·香奈儿本人，还有侍女、管家和女厨师，以及两只狼狗，唯独，没有男主人的气息。

那个离开可可·香奈儿的男人，此时正为结婚做着准备。在安置了婚房之后，亚瑟将结婚的日期选定在了 10 月。

离亚瑟的婚期越近，可可·香奈儿就越是痛苦不堪。每一分每一秒，每过一天，可可·香奈儿都觉得度日如年。想到曾经陪伴在自己身边的男人即将结婚，而新娘不是自己，可可·香奈儿就心如刀绞。朋友不忍心看到她这样继续下去，便写信规劝可可·香奈儿。可是，这种失去爱人的痛苦唯有经历才能体会。可可·香奈儿正是因为曾经深爱过亚瑟，才会如此难过。她知道，自己难过后便会恢复女王的生气，就请允许自己放纵一回："我亲爱的朋友，不要指责我，可怜我吧，我刚刚度过了糟糕的 3 个礼拜！事情总有解决的一天，最后我的身体状况会好转的，我还是有许多的担忧。我打算把这些担忧留在巴黎，所以如果你还有其他的事情，请尽快告诉我，我会在下个礼拜离开。"

就在洛瓦特的小教堂里，十月份，亚瑟与戴安娜步入了婚姻的殿堂。一切都显得匆匆忙忙，因为亚瑟还有重要的工作要做。婚礼一过，亚瑟就投入到了繁忙的工作中。

事实上，亚瑟对于和戴安娜的婚礼也并没有很轻松，与可可·香奈儿一样，亚瑟也承受了巨大的压力。压力来自战争的工作，来自自己给戴安娜刻意制造的浪漫，来自曾经的那个可可·香奈儿已经离开了这里。所有的一切似乎都不那么如意，亚瑟濒临崩溃的边缘。

1919 年的春天，戴安娜为亚瑟生下了女儿。这个看上去很温馨美好的家庭，却只是一种表象，因为作为妻子的戴安娜并没有亚瑟最初想象的那样顺从和听话，而这个新婚妻子，也开始反对丈夫从可可·香奈儿的店里给自己买衣服。这让亚瑟有些不能理解，因为在以前，自己并不觉得这样做有什么不好，而现在，戴安娜却经常因为这些生气。

与戴安娜结婚，亚瑟看中的就是这个贵族女人要比可可·香奈儿温顺和服从，她没有可可·香奈儿的那种个性与倔强，而现在，事实证明自己选错了，就是那些贵族的传统，让自己颠覆了以往的看法。他不得不承认，自己开始想念可可·香奈儿了。

离开了巴黎的可可·香奈儿选择在格尔什郊区租下一栋别墅，开始了自己的疗伤生活。

这个远离尘世的地方，红色的屋顶，停着几只雪白的鸽子，蓝蓝的天空将眼前这个别墅衬托得十分孤寂，各种精美的雕刻，色彩斑斓的壁画，院中种着各种名贵的植物，都承载着新的希望。远离了喧嚣，远离了纷争，远离了烦恼，可可·香奈儿在一点一点地找回自己。

失恋的女人总是习惯给自己一个新的形象，这似乎象征着一个新的开始。很多女人选择了剪短自己的头发，剪断自己的三千烦恼丝，让一切从头开始。可可·香奈儿也选择了这种方式抚慰自己。

或许，坚强的可可·香奈儿不需要这样外在的形式，她可以自己痊愈，但是，命运偏偏给了她一个这样的机会。一次意外的浴室火喷嘴爆炸，烧焦了可可·香奈儿的秀发。一把剪刀，让可可·香奈儿成为了短发女郎，这使她多了一丝干练，也少去了一些烦恼。

就在可可·香奈儿的情伤慢慢开始结痂愈合的时候，亚瑟做出了一个决定，那就是去找可可·香奈儿，他受不了没有可可·香奈儿的日子。

分别时，多情的亚瑟依旧不舍与可可·香奈儿的情感，亚瑟答应自己与可可·香奈儿的情人关系不会因为结婚而中断，他并没有食言。一个男人，就这样在妻子和可可·香奈儿之间流连徘徊着。

一段婚姻的开始，一对夫妻的结合，如果开始时便是错的，那么日后的痛苦便会越来越深，伤害的人也会越来越多。亚瑟与戴安娜的结合或许就是个错误，加上可可·香奈儿，一段三角恋注定要一生纠缠不清，剪不断、理还乱。这个时候的亚瑟才清醒地认识到，自己是不能没有可可·香奈儿的，这个时候的戴安娜也才明白，自己是取代不了可可·香奈儿的。这个时候的可可·香奈儿深知，自己不是亚瑟最佳的结婚人选，那么这种现状就是最好的吧！虽然他已经与戴安娜结婚，可自己还是他的情妇，还是有机会与他见面的。

于是，等待，成了可可·香奈儿生活里的主旋律。

深陷爱情的可可·香奈儿就这样在等待中度过一天又一天。每一次亚瑟的突然出现，都会让可可·香奈儿喜出望外，高兴得想要尖叫。而每一次亚瑟离开之后，也都让可可·香奈儿无限落寞，心爱的人走了，心也就像是被掏空了一样。

多年前，亚瑟的温柔与包容成为他身上最闪耀的光亮，他敲开了可可·香奈儿封闭的心扉，从此，在她的心底，只有亚瑟·卡佩尔的身影，难以抹去，无法忘记，她将自己的全部都给予了这个英国男人，也真正地感受到了爱一个人的感觉。如此这般，陷入爱情的可可·香奈儿因为有了亚瑟这一心爱的男人而充盈着完满与甜蜜。热恋期，那每隔半小时就送上一束玫瑰花的浪漫让可可·香奈儿难以忘怀。

深陷爱情中的男女总是那样的不管不顾，只享受着彼此的美好与甜蜜。他对她一见钟情，他对她山盟海誓，既然选择，便也跟定了。可是有些时候，爱情却并不简简单单的是两个人你情我愿的事情，倘若世间的爱情都能如此的顺风顺水，那么古往今来就不会有那么多的悲剧发生了。对于可可·香奈儿与亚瑟的感情，不能单单只靠两个人来决定，亚瑟想要爱情，也想要事业。他要在政治舞台上大展身手，就必须要有一桩门当户对的婚姻。

亚瑟想要的可可·香奈儿给不了，她卑微的出身，她艰苦的人生经历，是永远也比不过戴安娜的。她知道这是不变的事实，她也知道，亚瑟已经与戴安娜结婚了，并且有了女儿，她也知道，亚瑟是不会与戴安娜离婚，与自己终生携老的。

有些时候，只有经历过病痛，才会知道谁最关心自己；只有经历过分别，才会知道自己究竟需要谁。一段感情，如果不经历大风大浪，那么看似美好的爱情却不堪一击，只要经历一点风雨，便会崩溃。当爱情面临考验的时候，最怕的是明知没有结果，却还要将错就错。

渴望爱情的人啊，彼此给予的甜蜜就是他们唯一的救命药，哪怕中毒而亡也要饮鸩止渴，哪怕前处已经穷途末路也要紧紧相随。于是，已经结婚了的亚瑟又重回可可·香奈儿的身边，已经决心要回归自由的可可·香奈儿还是不能忘记亚瑟的好。

亚瑟是可可·香奈儿的挚爱。她是爱他亚瑟的，爱到无私，爱到勇敢，爱到可以不在乎他的婚姻，爱到可以不介意他的过往。像可可·香奈儿这样在爱情面前勇敢无畏的女人，本就是一个不以凡世价值为标准的人，也许她不懂什么政治权力，也不去顾及什么社会地位，只要彼此的心能够相吸引，只要此时此刻他们还在一起，就不去想那些天长地久的事情。而亚瑟·卡佩尔也是了解她的，知道她的需求与欲望，知道她的及时行乐，知道她的心之所想，仅仅这些，对于可可·香奈儿的爱情来说，也就足够了。

然而，周旋于两个女人之间，亚瑟的心也分为了两个部分。每个女人都希望自己的那一部分能够多一点，再多一点。当戴安娜知道亚瑟去找可可·香奈儿的时候，流泪消磨了她所有的时光。眼泪流多了，也就慢慢认清了现实。

这注定是一段永远也说不清的三角关系。这是残酷现实逼迫下的爱情的悲哀。面包与爱情、事业与家庭、名望与爱人，是不能兼得的。

「 永失所爱 」
除了哭泣还能做些什么

可可·香奈儿是如此的钟爱黑色，在当时多数的女人看来，颜色深沉的黑色衣服只有在葬礼上才会成为被人们选择的对象。这一次，可可·香奈儿真的穿着黑色衣衫，送别了爱人亚瑟·卡佩尔。

1919 年的 12 月 23 日，亚瑟·卡佩尔离开了可可·香奈儿的住处，打算在圣诞节回到家中陪伴女儿与妻子戴安娜。温馨的节日里，人们与家人欢聚一堂。可可·香奈儿因为亚瑟不能陪伴自己而感到失落，但很快，她也释怀了，因为亚瑟是有家庭的人，她不可能自私到与他的家人去争夺宠爱。可是谁也没有想到，那一次离别竟是可可·香奈儿与亚瑟的诀别，而在家中与女儿等待丈夫的戴安娜再也没有机会与亚瑟一同过圣诞节。

与可可·香奈儿告别之后，亚瑟与技工师傅一同开着车前往法国南部，汽车快速地行驶在马路上，或许是轮胎爆炸了，才导致亚瑟驾驶的车整个翻过来，并且迅速地着起了大火。火光冲天，亚瑟与技工师傅都没能逃过此劫，葬身在车祸的惨烈爆炸中。

就在亚瑟出车祸的第二天凌晨，可可·香奈儿从好友的口中得知了这个噩耗："亚瑟的车祸发生在昨天深夜，当时亚瑟和技工曼斯菲尔德的车马上就要到达目的地了，就在圣拉菲尔和戛纳之间，也许吧，可能是亚瑟太累了，才会这样……"

如同亚瑟告诉她将要离开自己去和别的女人结婚一样，这一次，可可·香奈儿依旧没有哭，没有流下一滴眼泪。可是一张精致的脸，却因为悲痛和震惊而极度地扭曲在一起，于无声处，痛苦弥漫在空气里。

眼泪，能够缓释人们的痛苦，而放声大哭，是释放一切的最好办法。可当这种痛苦达到极致的时候，眼泪已经不能代表任何悲痛了。哀伤至极，早已无眼泪可流，而没有眼泪的悲伤，才是伤至骨髓，痛到心扉。

呆呆地听着朋友诉说着关于亚瑟车祸的一切，可可·香奈儿就这样静静地坐着，一言不发。前半生，她看清了世间的兴旺交替，看清了政府的更迭变换，看清了人间的炎凉冷暖。可可·香奈儿有一双洞察力超强的眼睛，什么都能够看得清清楚楚，可是此时此刻，噩耗降临，自己却什么也看不清了。她不知道自己现在身处何方，也不知道未来的路要怎样走。是的，这世间暗藏了太多的厄运和突兀的变迁，终究是让人看不清的。业瑟永远的诀别对可可·香奈儿来说，那该是怎样的一种心痛和绝望。

如果早知道亚瑟会如此离开，那么可可·香奈儿会不会放弃自己的事业，就这样安安分分地陪伴在亚瑟身边？会不会在知道亚瑟要与戴安娜结婚的时候，就此放手，即便是亚瑟最后还是回来找自己，也依旧坚持原则，不分那一杯羹。如果不是如此周旋在两个女人身边，如果没有那场车祸，可可·香奈儿宁愿放弃一切，远远地看着亚瑟幸福，也不愿意他失去生命。

女人如花，可可·香奈儿是一朵女人花，一朵带刺的玫瑰，看似强悍坚硬，那一根根尖尖的刺可以将人的双手刺出鲜红的血液，但玫瑰终究是花，需要人爱护，需要人浇灌。那一朵名叫"可可·香奈儿"的玫瑰为亚瑟而绽开，为亚瑟而娇艳，可如今，昔人不再，这朵花一下子枯萎了、凋零了。也许旁人永远不会明白，可可·香奈儿要的不是那些让她功成名就的服装饰品，而是一个男人对一个女人的爱。

就这样静静地坐着，可可·香奈儿感觉到了天旋地转，她不敢相信这是真的，她也不愿相信那个刚刚才离开自己的男人就这样离开了这个世界。默默地，可可·香奈儿拿起自己的包，穿上衣服，她不要在这儿呆呆地坐着，无动于衷，她要去看看，她要到南部去看看，在下葬之前看亚瑟最后一眼。

焦急的心让可可·香奈儿不能够平静下来，她恨不能立刻飞到亚瑟身边，告诉她自己来晚了。当可可·香奈儿到达法国南部的时候，已经是午夜时分了。

悲伤至极，可可·香奈儿脆弱的神经几近崩溃，再加上连夜的行程，让可可·香奈儿虚弱得很，没有一丝力气，可她还是支撑着自己要看到亚瑟的最后一眼。

人已经不在，就连这小小的要求，可可·香奈儿都未能如愿。亚瑟的尸体在爆炸中被烧得很严重，可可·香奈儿赶到之前，亚瑟的棺材就已经被封了起来。

不甘心的可可·香奈儿来到了车祸的事发地，看着那辆被烧得只剩下框架的车，有人告诉她，亚瑟的车就这样一直在这里。可可·香奈儿围绕着报废的车转圈抚摸，似乎能汲取到一些亚瑟的气息。坐在路边，可可·香奈儿埋下了头，依旧默不作声。空气仿佛已经凝固，周围的一切都好像停止了。几分钟之后，可可·香奈儿的肩膀开始抖动，随之而来的是啜泣声。

这个坚强的女人，终于承受不住亚瑟离去带给自己的悲痛，失声痛哭起来。过去的每一天，这个叫作亚瑟·卡佩尔的男人都会在自己需要帮助的时候出现在身边，这一次，可可·香奈儿需要一个肩膀去依靠，她需要亚瑟，可是他却永远地离开了人间。每一次他回到戴安娜的身边，可可·香奈儿都希望他快一些回来自己这里，每一次他的离去都充满了落寞与孤寂，而这一次，却再也没有回来的可能了。想到这一切，可可·香奈儿哭了很久很久……

她不知道此时此刻的自己，除了哭泣，还能够做些什么。

那一年的圣诞节，没有了往年的欢快与喜悦，亚瑟的死亡为这个原本值得庆祝的节日蒙上了一层黑色的阴影。这悲伤继续延续，跨过新年，在 1920 年的 1 月 3 日，举行了亚瑟·卡佩尔的葬礼。

作为大英帝国的勋爵，亚瑟·卡佩尔的葬礼庄重严肃。巴黎社会的名流、大英帝国的勋爵、英国大使、戴安娜的姐姐姐夫都前来哀悼，送别亚瑟。一块写有"卡佩尔家族"的墓碑竖立在蒙马特的墓地中，亚瑟·卡佩尔将长眠于此。

人们聚集在这里，送别亚瑟，但在葬礼上人们谁也没有看到戴安娜和可可·香奈儿。也许，她们都爱着亚瑟·卡佩尔，她们不忍心送别亚瑟。

毫无疑问，亚瑟·卡佩尔是一位出色的人物。朋友说："亚瑟是一个如此奇怪的人，特别有吸引力的人。他的死对于你而言一定是世界末日……巴黎的每个人无法用言语表达震惊的心情，我听到了各地方的人们对他的欣赏与惋惜……"也有朋友为亚瑟的离去感到悲伤："正是因为他太优秀了，所以不能留在我们中间。"而在可可·香奈儿看来，亚瑟是自己的支柱："他的死对我而言是个沉重的打击……当我失去亚瑟的时候我就失去了一切。他给我留下了巨大的空白，以至于很多年我都填不满。"

物是人非，现在的可可·香奈儿，被困在了深深的痛苦与寂寞中。

前半生，可可·香奈儿过得太苦，没有富足的生活，没有幸福的童年，没有父母的关爱。当可可·香奈儿以为自己熬过了这一切，终于迎来事业成功、爱人相伴的时候，可谁知，命运却又狠心将给予她的这些又一一夺去。

思念无边无际地蔓延着，蔓延着。冬季的寒风凛冽地刮着，夹杂着记忆的碎片，肆意飞舞。寒冷不能冰冻愈渐浓重的忧愁，只能任凭回忆汹涌地激荡在胸中。

命运的残酷让我们明白，有些东西一旦失去了就再也回不来。人去，人来，人生最终的结局，也不过是曲终人散。缘分亦是如此。一个人的永别，一个人的挂牵，离去的人可以得到解脱，而守候的人，还要承受思念的煎熬。当几十年过去之后，那个独自守候回忆的人也终究会抵不过岁月的蹉跎，离开了世间。于是，那一段阴阳两隔的情愫便化作尘埃，飘散不见。

从此，可可·香奈儿的世界里，最后一支蜡烛熄灭了，只给她留下了漫漫无边的黑暗。

空虚寂寞的浪潮吞噬着可可·香奈儿那颗坚强的心，日日夜夜，她思念的都是曾经的爱人，那个可以保护自己、照顾自己的亚瑟·卡佩尔。

女人的心，敏感而又脆弱。那一往情深的破灭，那万念俱灰的伤心，说到底终究是意难平，心难抚。可是，这又怎样？她只是一介女子，面对命运的安排和情感的挫折，她只能安慰自己，日子还要继续，工作还要继续。此时此刻，唯有工作才能让可可·香奈儿得到一丝不被抛弃的安慰。这是她的方式，她要用这样的方法来宣泄自己心中的不满与决绝。从此，敏感的心赋予了设计源源不断的灵感，也流露出了无法填补的孤寂之情。

内心的一片空白，可可·香奈儿无法填补。只有让自己忙碌起来，回归自己的事业，才能让她忘记痛苦，有那么一瞬间，可可·香奈儿忘记了亚瑟·卡佩尔已经离开的事实，但也只是那么一瞬间。只要可可·香奈儿停下来，便会回到痛苦的记忆中，停不下来的思绪会让她想起一切的伤心往事。

那逝去的甜蜜时光，那流走的光影流年，那无所寄托的真心情爱，都成为了凋零的花瓣，纷纷扬扬，归于尘土。心已死，梦已醒，没有了亚瑟·卡佩尔，可可·香奈儿开始拼命地伪装，她假装不那么伤心，假装不那么脆弱，假装亚瑟依旧还活在世上，假装自己依旧可以很好地独自生活。

投身于时尚事业，可可·香奈儿丝毫看不出有什么异样，这也是唯一能够支持自己活下去的理由，但每当不工作的时候，可可·香奈儿都会来到圣·库库卡的别墅。在这里，自己可以卸下所有的伪装，她只是一个痛失爱人的小女人。她可以不顾及自己的形象，不顾及自己的身份地位，可以肆意地悲伤，尽情地哭泣。

黑色的卧室，让可可·香奈儿的背影更显瘦弱。黑暗之中，那些堆积已久的伤痛犹如洪水猛兽一般地涌上可可·香奈儿的心头，就好似窗外那一轮默默无闻的明月，无人关心它是否在今晚出现，可它却依旧那么悠闲自在。

黑色的墙壁，黑色的床饰，黑色的睡衣。忽然之间才发觉，身下的枕席早已经被痛苦的泪水所浸湿，而自己却毫不知情。人们总是要经历一些事情才会成长，正如这个世界永远无法舍弃悲剧的存在，这是一种定律，我们只有遵循，不能改变。

值得庆幸的是，悲伤并没有让可可·香奈儿丧失理智和判断力。她是知道的，自己无论再强大，也抵不过命运的安排，顺其自然才是自己能做的，好好地活着，让天堂里的亚瑟能够安心一些，也能让生活更充实。

于是，从此刻开始，那些深埋心底的悲痛不再显现，而是被可可·香奈儿凝聚成了黑色的时尚情结。幽幽的黑色，代表着深邃，代表着痛苦的相思。爱人辞世，徒留她一人在世间行走。人生才不过几十载，可可·香奈儿却经历了情路坎坷，或许，上天早已经注定了她此生要成为那情路上的孤魂。

「 无果之恋 」

爱情只能始于爱情

　　人们发明了旅行，却还要追问旅行的意义。一路走，一路寻，我们想要知道为何上路，可是从头至尾，也没有人能够说明白。人生，就是一条不能回头的旅途，一步一步地走过，你只能面对，不能后悔，因为这是一条不容许你后悔的路途，它就是这么强势。

　　望向遥远的前方，当你想要怀念那些被你忽略的过往岁月的时候，却再也没有机会回到原点，无法重新开始了，因为当你回头的时候，脚下已经没有了来时的路。对于那些流逝的过往来说，弱小的你只不过是一个过客而已，是众多路人中的一个。人生的旅途上，当你沉浸在用美丽编织的梦境里时，它却在等待下一个过客。梦总有醒来的时候，也许梦醒之后你就会发现，一切都是幻象，你也还在继续行走的路上。面对过去，你只能淡然一笑，掩盖曾经的所有。

　　一段旅途，我们会遇见形形色色的人，欣赏许许多多的风景。有些人，就在每一步中、每一个风景中悄无声息地来来去去，匆匆而过。他们轻轻地来，又轻轻地走，与我们擦肩而过，我们才会嗅到他们的气味。想要伸手抓住那个人，哪怕只是稍稍地握一下手，感受一下他的体温。可最终还是抵不过命运的安排，他决绝而去，而我们只能在原地叹息。无论是你想要留住的，还是想要离开的，都有属于自己的宿命，我们改变不了的宿命。生命的情影在缩短、在拉长，留下的人也徒增哀伤。

　　这就是永远的诀别。那个你曾经想要抓住的人，永远地离开了你。

这是世界上最悲伤的事。在印象中，这样悲伤的爱情故事似乎永远只是发生在童话传说里，而可可·香奈儿却在现实的世界里，亲身体验了凄美孤寂的爱情。她的纯真，她的真诚，她的痴心，她的深情，她的执着，她的悲怜，一切，都让她独自承受着无边的黑暗与冰冷。

没有什么比永失至爱更加痛苦不堪，对于可可·香奈儿来说，亚瑟·卡佩尔的死如同从天而降的一记闷雷，将她的生活炸得面目全非。

可可·香奈儿任性地将自己的房间全部涂上了黑色的油漆，任凭那样绝望的颜色将自己吞没在痛苦的海水中。

为了能让可可·香奈儿走出悲伤的阴影，她的好朋友米西娅为她介绍了一些朋友，希望能有人可以替代亚瑟·卡佩尔在可可·香奈儿心中的位置。而在这些人中，有一个叫比艾·勒尔维底 (Pierre Reverdy) 的诗人引起了可可·香奈儿的注意。

比艾·勒尔维底的长相如同一首清丽的小诗——他的个子不算高，但是身材瘦长。他的眼神里流露出一股诗人特有的忧伤气质，再加上他的相貌，比艾·勒尔维底常常会让人产生一种保护欲，虽然他是一个男人。

比艾·勒尔维底的诗句如同他的眼眸那般忧伤，他笔下的每一句、每一字，都像是被泪水浸泡过一样。比如，"幸福是个空洞的字眼，它像顽固的恶性肿瘤般根植在人类的想法中"，又比如，"如果我们真处在幸福中，那该是个什么样的梦境"……

悲观、失望、孤独、寂寞，这样的情绪在比艾·勒尔维底的诗句里随处可见。他甚至这样对可可·香奈儿说："人生就是一场战役，追逐感官之乐犹如一阵风，来来去去只是一场空。"

我们不可否认，比艾·勒尔维底是一个极具天分与才华的诗人，对于现代主义的感情更是激情四射："我可怜那些身处于精彩年代却浑浑噩噩过活的人。他们没有经历过那些令人沮丧心碎的痛苦试炼，或是震撼灵魂的狂喜。开天辟地以来，好像没有哪个时期像现在这样，在艺术天地里有过如此多的艳阳和蓝天，也从没像现在这么令人感到责任重大。"他的言语让可可·香奈儿感到了希望，也让可可·香奈儿感到心疼，这个男人甚至激起了她的保护欲。

　　或许这种感觉根本算不上爱情，只是一种普通的感情，但是比艾·勒尔维底的出现，却带给了可可·香奈儿一种生命的动力，让她渐渐走出了痛失爱人的阴影。可可·香奈儿别具一格的魅力，也同样深深地吸引了这个忧郁的诗人。

　　在一次聚会中，比艾·勒尔维底与可可·香奈儿正式确定了情人的关系，从此，可可·香奈儿走进了另一段感情，跟随诗人的脚步，她看到了一个与以往不同的世界。

　　这样的情侣，却是一对奇怪的组合，一个宣言"我就是时尚"的设计师，一个想要以宗教信仰来忘记一切的诗人。当一个设计师爱上了一个诗人，糅杂在中间的情愫便成了"珠宝卡在七弦琴里，梦中呓语里的黑色蝴蝶"。然而，他们却又都一样的，是一个矛盾体。

　　比艾·勒尔维底是个穷诗人，他白天在杂志社上班，晚上去一家印刷厂打零工，他的生活可谓是捉襟见肘，不过，正是这样的困苦生活为比艾·勒尔维底提供了源源不断的创作灵感，也就是在那一段时间里，他写下了集访谈和诗歌于一体的《南北行》。

　　读着那一句句滚烫的诗句，可可·香奈儿非常感动。比艾·勒尔维底生活拮据，她便为他提供经济补贴。

　　该用一种什么方式去帮助他，能不伤害比艾·勒尔维底的自尊呢？可可·香奈儿选择了不令他尴尬的方式，她开始给比艾·勒尔维底寄去一些自己写的文字语句，请他帮自己修改润色，并支付给他相应的报酬。

　　可可·香奈儿始终相信比艾·勒尔维底是个才华横溢的诗人，同时也为能帮助这位诗人而感到自豪。

　　不过可可·香奈儿也知道，自己仅仅从经济上接济比艾·勒尔维底是远远不够的，她要帮他找回对生活的信心，让他看到新的希望，看到梦想的光亮。而对于一个诗人来说，最大的成就莫过于自己创作的诗集能够出版，果真能如此，那必然是对比艾·勒尔维底最大的慰藉。所以，可可·香奈儿悄悄找巴黎出版商洽谈，表示愿意由自己出资来为比艾·勒尔维底出版诗集。

很快，比艾·勒尔维底的作品就出版了，而且大受好评，"比艾·勒尔维底"这个名字也一跃出现在了社会名人的名单中。

可可·香奈儿抚慰了心伤，继续着自己的事业，也继续着与比艾·勒尔维底的感情，这位诗人也摆脱了曾经的困境，出人头地。一切，都尘埃落定。

就在人们都以为他们的感情会在此时有一个圆满的结局的时候，谁也没有想到，诗人比艾·勒尔维底却忽然离开了可可·香奈儿，杳无音讯。没有人知道他离开的具体原因，人们只知道，可可·香奈儿的爱情再一次落空了。

不过，这一次爱人的离去却并没有让她受到太大的伤害。可可·香奈儿是个独立的女子，不仅经济独立，而且感情也独立。经过两次爱情的挫败后，她已经对这种情伤有了免疫力。可可·香奈儿与比艾·勒尔维底的缘分并没有从此结束，20世纪30年代，就在可可·香奈儿事业发展得如火如荼的时候，她说服比艾·勒尔维底放弃了在索姆区的隐居生活，让他重新回到了自己的身边。

重新回到可可·香奈儿身边的比艾·勒尔维底不再是她的情人，而是她的员工。比艾·勒尔维底的工作是为可可·香奈儿代笔，将她的时尚经典理念字字句句落实到纸上。也正是因为比艾·勒尔维底的记录，香奈儿诸多品牌理念才得以传世，比如："时尚是一种需求，贫困结束的地方，正是它开始的地方。"又比如："如果您天生没有翅膀，就别做那些阻碍它生长的事情。"

曾经的比艾·勒尔维底喜欢在阴影下工作，因为"阴影是光线最美的衬托"。他在阴影里创作，在阴影里思考。

　　而此时比艾·勒尔维底的笔下，终于流淌出积极阳光的句子。她的积极豁达深深地感染着他，诗人的忧伤，也终于一扫而空。比艾·勒尔维底看到了自己的存在价值，这份工作给他带来了生活的乐趣，他也终于爱上了繁华的巴黎。

　　相爱伊始，比艾·勒尔维底将自己的诗集送给了可可·香奈儿作为定情信物。浪漫的诗人将两个人的名字一同写在书的封面上。一本小小的著作，让可可·香奈儿终生珍藏，在她眼中，它同那些珍珠钻石一样价值连城。

　　可可·香奈儿不仅仅是时尚界的弄潮儿，更是励志界的最好典范。那些经典语句，如今已经成为千万人的座右铭。法国一位知名的出版商曾做出过这样的评价："可可·香奈儿小姐的话就像是毕加索的画，具有震撼大众的风范。"

　　可可·香奈儿的经营理念，也受到了时尚界的疯狂追捧。她的事业如日中天，这让她对感情的创伤渐渐释怀，或许只有忙碌起来，才是最好的疗伤方式。

「 执拗性格 」

能够做公爵夫人的女人很多，但香奈儿只有一个

古往今来，永葆青春是所有女人的梦想。为了青春常在，女人尝试着各种各样的保养与护肤方法，为的只是不让残酷的岁月在自己的脸上留下过深的印痕。

然而，岁月就是无情的，不然那些刻画在眼角的痕迹便不会成为无法淡却的证明。时光流逝，娇美的容颜注定要如露珠般点滴逝去，但是有一种美却是永恒的，是传奇的，是可以穿越时空的，那是女人的品性、女人的才情。

这样的美不同于浮华的美貌，它不会随着岁月的流逝而日渐褪去，相反，它会变得沉着，变得厚重，变得魅力不凡。1923 年，已过不惑之年的可可·香奈儿依旧美丽非凡。光影流年，时光不再，可是她那独特的才情却没能被时间的烟云遮住了美丽，她就像是一颗钻石，无论沉寂了多久，却依旧光彩照人。

40 岁的可可·香奈儿，在岁月的磨炼中褪去了稚嫩与天真，举手投足间流露的是浓浓的风情，那是属于成熟女人的味道。成熟、成功，可可·香奈儿就这样成为了女性的榜样。人人羡慕她可以有着如此的设计天赋，也羡慕她如此不凡的时尚眼光。

拥有迷人的美貌，是世间多少女子的梦想；拥有聪颖的智慧和才情，是多少女人的愿望。可是这样的梦想和愿望，可可·香奈儿却一一地实现了。只不过，这个世界上没有完全的、绝对的公平可言。拥有了

美貌与才情，也就注定了要付出一些他人所不能付出的东西，承受他人所不能承受的苦楚。

例如，爱情的缺失。

此时的可可·香奈儿依旧被人称作"香奈儿小姐"，而没有冠上其他男人的姓氏，这也就意味着，40岁的可可·香奈儿依旧是单身一个人。

女人，怎么能没有爱情的润泽？没有爱情的人生是不完整的人生。对可可·香奈儿来说，爱情和男人是她创作的灵感源泉，她需要被人呵护，需要被人关心，哪怕是短暂的相遇，也好过未曾拥有。

每一次爱人的离别，都让可可·香奈儿在感情的世界里变得比之前强大许多。也许，没有谁天生就如此坚强，只不过是现实磨炼的结果而已。当一个人的心中有了茧，手中有了剑，那么他便不再害怕任何伤害。

可可·香奈儿的身边，那些曾经与自己相爱过的男人一个一个地离去，该离去的人总会离去，留也留不住；该到来的人总会到来，只是时间的或早或晚。没有爱情的时候，你只需要做最好的自己，等待爱情的来临。

岁月就在等待中溜走，一转眼，她已40岁了，在那年，可可·香奈儿的世界中出现了另一个男人。

他叫本德尔，一位英国首富，一个童年时期与可可·香奈儿一样，家庭并不幸福的人。本德尔的父母都有婚外情，这种不正常的家庭关系深深地影响到了本德尔对待爱情和婚姻的看法。父母的所作所为，让本德尔很讨厌虚伪和不忠贞，也讨厌退让。

可以说，这位首富是一个简单粗暴的人，虽然身材高大魁梧，但是却有着一个缺陷——口吃。由于说话不十分流利，再加上性格的固执拘谨，所以有些时候，他并不能够很好地表达自己的看法，也不能很好地与周围的一切相融合。于是，他避开短处，扬长优点，他善于行动，而不是长篇大论。

当这样的本德尔第一次遇见可可·香奈儿的时候，就像是化学反应一样，出其不意地深深吸引了她。

那一年的夏天，本德尔将自己的游艇"飞云号"停泊在了蒙特卡洛的港口，此时的可可·香奈儿与朋友也正在这里度假。当本德尔看见可可·香奈儿第一眼的时候，便觉得有必要邀请这个气度不凡的女子一同游玩。

聊天，晚餐，舞会……这一晚，可可·香奈儿过得十分开心，虽然这个邀请自己的男人还很陌生，但是他的坦率却让可可·香奈儿十分欣赏。

所有的缘分，就从那一晚开始。本德尔忘不了可可·香奈儿的身影，他想要与这个女人共度一生。于是，本德尔开始了自己追求的攻势。

恋爱中的男人都是相似的，一旦心中有了可人的女子，就会不顾一切，倾其所有，只为博得美人一笑，无论是高高在上的王室还是普通的平民百姓，都是如此。也许，这就是爱情的奇妙之处。当一个男人爱上了一个女人的时候，这个女人就是他心中的唯一，是他生命的意义，是他灵魂的所在。只不过，财权在握的首富公爵演绎的是一场风流韵事，而普通的百姓庶人只能山盟海誓，甜言蜜语。

一封封浓情蜜意的书信，一束束芬芳扑鼻的鲜花，各种各样的水果和珍宝，以及本德尔本人突如其来的出现，都成了打开可可·香奈儿爱情心门的钥匙。其实她并不缺这些东西，但是当一个男人如此用心地对自己，女人们都是招架不住的。于是，女王可可·香奈儿的身边又有了男人陪伴的身影。

爱情的美妙无法言喻，浓情蜜意里的男男女女，总会在爱人面前展示出自己真实的一面。与本德尔在一起的可可·香奈儿没有了女王的气场，她就像是一个小女孩一样，羞怯又温柔，听话得如同一只黏人的小猫。她可以陪着本德尔去任何地方，陪着本德尔做任何事，只要他想，她便答应。

　　不是为了本德尔的财富，也不是为了他的地位，可可·香奈儿就是单纯地想有这么一个人陪伴自己就好。此时的可可·香奈儿有着自己的事业，尽管在首富本德尔的面前，她的财富不值一提，但却足够让她自己衣食无忧，并且过得很好，所以她并不需要本德尔那富可敌国的金钱。虽然如此，但是本德尔的财富是与他本人融为一体的，不可分割，想要忽视也是不可能的。即便是可可·香奈儿也如此："西敏（本德尔）是英国的，也是欧洲的首富……没人知道这件事情，就连他本人也不知道……因为在这样的层次上，财富就不再是一般性的，它已经多到其他人都无从嫉妒了，它已经达到了一场灾难的程度了。我这样说是因为，财富让西敏成为一个行将灭绝文化的最后传人，一个古生物的珍宝。"

　　可可·香奈儿依旧只是喜欢与本德尔在一起的两个人的时光。

　　因此，只要可以，可可·香奈儿都会与本德尔在一起。

　　他们会一起参加《蓝色列车》的彩排表演，会一起站在游艇的甲板上欣赏风景，会一起去赛马场观看比赛，会一起在伊顿庄园里打猎钓鱼……

　　相比较于在商场上打拼，与爱人相依相伴的日子总是随性自在、安逸平稳的时光。闪耀着爱情火花，40 岁的女人也会青涩娇羞，有着年龄差距的恋人也会朝夕相守，浓情蜜意，这是爱情的神奇，也是不变的旋律。无论做什么，你都会看到两个人的身影，就像是新婚夫妻那样甜蜜相依。

　　然而，他们却不是新婚夫妻，可可·香奈儿虽然未婚，但却经历了种种感情，本德尔，这个成为首富的男人，也经历过多次的婚姻。

　　1899 年，本德尔加入皇家骑兵禁卫军。那一年的 10 月份，布尔战争爆发了，本德尔也到了军营中，成为了副官。当一切尘埃落定，本德尔回到了英国，并在 1901 年的 2 月份，与青梅竹马的恋人走进了婚姻的殿堂。本德尔一直都希望自己能有一个儿子来继承自己，于是当 1902 年的盛夏，本德尔的第一个女儿出生的时候，他显得极为不高兴，这个女儿在本德尔心中的地位甚至都不及庄园里的一头猎獾犬。

女人的悲哀就在于，在自己的婚姻中扮演的角色不是妻子、不是爱人，而是生育的机器。公爵夫人感受不到丈夫的疼爱与关心，她只能祈祷自己能生下一个男孩，从此改变自己的地位。可是当 1904 年，公爵夫人真的生下了男孩的时候，她才发觉，原来本德尔对自己的感情并不会因此而改变。尽管本德尔很高兴自己终于后继有人，但是对自己的妻子却越来越冷漠。

生活已经将人们抛向痛苦的深渊，跌落到谷底，就不可能会有更大的灾难，然而悲剧却并没有放过这个家庭。1909 年，本德尔 4 岁的儿子在阑尾炎手术后不幸夭折了，幼小的生命就这样消失在了这个世界上，痛失爱子的本德尔夫妇陷入了深深的绝望之中。

而后，本德尔有了情妇，一个著名的音乐剧女星。之后，又有了一个芭蕾舞女演员的情妇，有传言称本德尔与那个拒绝丘吉尔求婚的帕拉梅也有过一段感情。1924 年，本德尔又一次结婚了，但这次的婚姻仅仅维持了 4 年就分道扬镳了。

总之，这个男人经历 4 次婚姻。对于追求女人，本德尔可以说是经验丰富，他的感情也成为了人们讽刺他的话题。这样的本德尔，轻而易举地俘获了可可·香奈儿的芳心。

神秘的面纱撩去，面对的是枯燥与无味；美好的梦境醒来，接受的是现实的平淡与庸俗；激情退去，只剩下满身的厌倦。

热恋期，对方的缺点都会成为优点，一切不如自己所愿的地方都会视而不见；当恋爱的热潮退却，彼此的不足都会显现。如果你能够包容谅解，那么一段感情便会继续；如果容忍不了，即便是感情深厚，也会动摇。

慢慢地，可可·香奈儿对于自己的生活状态开始力不从心了。要兼顾自己的事业与爱情，其实并不难，只不过本德尔让这种兼顾变得异常艰难。

本德尔的固执与拘谨让他需要一个有着足够时间与精力的女人去时时刻刻管着他，排遣他的无聊，容许他的不忠，还要能够为他生下很多孩子。而本德尔之所以在最初决定追求可可·香奈儿，正是因为他觉得这个女人满足自己对配偶的要求。可可·香奈儿有着自己的事业，有着足够的财富，从前的悲苦生活让她有着强大的内心去接受一切，而她也对自己足够顺从。这个女人就是本德尔所需要的女人，适合成为妻子的女人。

可可·香奈儿也想要嫁给这个男人，与他结婚，甚至为他生子。为此，年过不惑的可可·香奈儿还去看过医生，为生育后代做过努力。

但是，事情不会按照你事先预想好的那般发展。可可·香奈儿开始觉得，这个男人并不适合结婚，或者说是不适合与自己结婚，因为可可·香奈儿早已经嫁给了自己的时尚事业。每一次为了本德尔，她都在做着退让，甚至为了能够时时刻刻陪在他的身边，可可·香奈儿会把自己公司的缝纫工请到家里工作。每一次在自己的时装发布会上，看到本德尔来回地踱着步，那般的没有耐性让可可·香奈儿感到压力。

或许，这种看不见摸不着的感情可以忍耐，但是40岁的可可·香奈儿依旧怀不上孩子却是不争的事实。求子心切的她开始四处寻医问药，甚至连偏方她都愿意试一试，然而依旧没有结果。或多或少，这也影响到了可可·香奈儿对于本德尔以及这段罗曼史的看法。

这个时尚女王依旧保持着清醒，可可·香奈儿开始认识到："一个男人和我一起生活实在是太难了，除非他非常非常的强大。但是如果一个男人比我还要强大，我也不可能与他生活在一起。"

以情妇的身份，可可·香奈儿与本德尔一起走过了10年之久。在离开本德尔的时候，可可·香奈儿说过这样一段话："我一生中有10年是与西敏公爵一起度过的。他是一个看似笨拙，但却很机敏的猎人。他拴住我10年，足以说明这一点。我们十分温柔、十分友好地一起生活了10年，我们一直是朋友，我爱他，或者说我认为我爱他，其实是一回事。他是绅士风度的化身，慷慨又仁慈。他属于依旧很有家教的那一代人。还有就是，所有的英国人，至少在越过加莱海峡之前，都很有教养。"

10年之久，3600多个日日夜夜，这样的陪伴，让可可·香奈儿觉得这是同为英国人的亚瑟·卡佩尔送给自己的礼物，因为他不愿自己孤孤单单。

虽然自己与本德尔的感情并不顺利，但是她却将自己的这段感情融入到了自己的设计中和穿着中。这是可可·香奈儿的习惯，她的每一次经历，每一次付出，我们都会在香奈儿的服饰中找到灵感，也就不足为奇了。

但是这一段英伦风与巴黎时尚的结合，却依旧被人们所津津乐道。人们诉说着这一段罗曼蒂克的浪漫史，也鄙夷着爱情里男人与女人的是是非非。

男人是贪婪的，也是无情的。他们总是会招惹风情的女人，想要跃跃欲试，等尝到了她们的滋味，便会炫耀显摆，将女人的一颗真心当作谈笑间的聊资。那些美丽的尤物，就像是一道彩虹，短暂的存在才是她们的宿命。他们始终不能够携手白头，因为风流的男子总归是放荡的，没有人能拴住他的心。

可可·香奈儿注定不能成为公爵夫人，她只是本德尔的一道彩虹，不能留下长久的美好。

「 尘埃不落 」

上帝为谁定做的女人

　　枯燥无味的生活里，爱情是一根救命稻草。而可可·香奈儿没有了爱情，生活也并不枯燥无味。她依旧尽情发挥着自己在设计领域里的天赋，而这一次不是在时装，而是在房屋。

　　在遥远的蔚蓝海岸，可可·香奈儿在这里再一次证明了自己的天赋异禀。

　　花费了 180 万法郎，可可·香奈儿买下了五亩土地，决定在这个可以眺望到意大利海岸的地方建造一座属于自己的别墅。

　　在这座美轮美奂的别墅里，可可·香奈儿按照自己喜欢的方式来装扮。白色的塔夫塔绸窗帘，餐厅的白色墙壁，卧室的丝绸窗帘，花园里种植的橘子树丛、鸢尾花、玫瑰花丛和薰衣草都是可可·香奈儿最喜欢的。沿着三面露台而建设的走廊会让人在炎热的夏季也能感受到无比凉爽。入口的大厅处，一座巨大的石造楼梯让人想起了可可·香奈儿在奥巴辛的岁月，而它也成为了整座别墅最引人注目的设计。

　　可可·香奈儿给自己亲手设计的别墅起名为 "La Pausa"，休息之地的寓意。这个名字的来源是因为在别墅旁边有一座名为 "Our Lady of La Pausa" 的教堂。于是，可可·香奈儿将教堂名字的后半部分赠给了自己的别墅。

　　古朴典雅的别墅配上这样的名字，浑然天成，而这座别墅，也成了上流人士的聚集中心。

有些时候，本德尔会乘着自己的游艇来到别墅度假；有些时候，可可·香奈儿的外甥女也会来此拜访可可·香奈儿；有些时候，上流人士也会来到这里参加私人派对。

对于可可·香奈儿的这座别墅，美国《Vogue》杂志还有过大篇幅的报道。在一篇题目为"香奈儿女士的房子"的文章中，这样描写了精美舒适的别墅："无疑，香奈儿女士拥有非凡的品位，所以很理所当然的，她的别墅就成了地中海沿岸最美丽迷人的一座。首先，她对别墅地点的选择就很谨慎，别墅左边是蜿蜒的意大利海岸线，右边是沿海而立的摩洛哥巨石和蒙特卡洛城，这些组成了蔚蓝海岸景致中最壮丽的一段精华，在别墅的前方可以欣赏延伸成巨大半圆形的蔚蓝色地中海海景。"

的确，蔚蓝海岸，这是一个绝佳圣地。在可可·香奈儿之前，有很多欧美人士看中了这块可以欣赏到美丽风景的地段，但可可·香奈儿选择了这里，凭的是一位时尚设计师的敏锐眼光。

设计师总是难以摆脱自己的身份，每时每刻，都需要将自己的工作与生活联系到一起。在此之前，可可·香奈儿钟爱黑色，而在这栋别墅里，她使用了纯洁的白色，从窗帘到墙壁，都是可可·香奈儿新的尝试。她最擅长的，还是将时尚的颜色运用到服装上。

孤独一生的可可·香奈儿没有为哪个男人穿过圣洁的婚纱，但是她却深谙白色礼服带来的无限魅力。在美国经济大萧条之后，白色女裙成为更多人的选择，可可·香奈儿就将这种白色变成了一种时尚和潮流。

"女人对每个颜色都跃跃欲试，除了无色之色。我早就说过，黑色包容一切，白色也是如此。它们的美丽无懈可击，是绝对的和谐相处。在舞会上，身穿黑色或白色的女人永远都是焦点。"

当可可·香奈儿这样的女子穿上白色的裙子之后，那就是焦点中的焦点。

1928年，本德尔为了给小女儿庆祝18岁生日，特意举办了晚宴和盛大的舞会，可可·香奈儿也在邀请之中。在晚宴之后，人们开始转赴舞会，就在此时，可可·香奈儿表示自己想要换下白裙，她只是情妇，不能理所应当地穿着类似婚纱一样的礼服去出席情人女儿的舞会。然而半小时之后，也不见她回来。当本德尔得知可可·香奈儿生病的时候，他匆匆离开舞会，想要去看望她。那一张憔悴的脸惨白惨白，就连那套白色女裙在她的面前都黯然失色。心疼至极的本德尔拥抱着这个生病的女人，想要给她一些安慰。然而黑色西装上的白色面霜让本德尔感到意外，原来可可·香奈儿并没有真的生病，只是想通过这种装病的方式来为拒绝做自己不喜欢的事找一个借口而已。

虽然这个时候，可可·香奈儿与本德尔的第一任妻子的关系已经缓和，甚至连这场生日舞会都是由两个人一同筹办的，但是情妇的身份还是让她感觉到尴尬。聪明的可可·香奈儿知道，那些参加晚宴的人们都在好奇地等待，当正室与情妇一同出现在同一场合的时候，会有怎样的怪异画面出现。他们都在等待自己主演的好戏，可是她不想成为笑话的主角，她用这样的小聪明和小把戏将自己从众人的谈资中脱离出来。

情妇的身份让可可·香奈儿不能名正言顺地穿上白色礼服，于是，她将这种极具纯洁和清纯的颜色运用到了自己的服装设计中。

1930年6月，盛夏让人们感受到了大自然的热情。以白色石膏面具和假发为主题的舞会在这个夏季为人们增添了欢笑的理由。白色球鞋、白色外套、白色裙子，处处的纯洁都说明可可·香奈儿的白色喜好成为了大众的选择。在舞会上，可可·香奈儿一袭白色礼服出现在人们眼前的时候，人们才发觉这个女人的魅力依旧不减当年。白色的礼服将肌肤衬托得更加光彩照人，身姿也更加优雅窈窕。

白色，是梦幻的颜色，纯洁、高贵。童年里，白色是床单的干净，是衬裙的整洁，是女佣的白色围裙，是洁白如雪的新衣服。看似朴素的白色，经过可可·香奈儿的巧妙设计，同样会成为性感妩媚的晚礼服。

一袭白衣，似天使般如梦如幻，而可可·香奈儿就是上帝为我们定做的女人。冥冥之中，上帝要这个女人带给人间美好与美丽，这是她的使命，而她就是天使。手指间的灵动，造就美丽的传奇。一块普通的白色布料，有时别大头针，有时用剪刀裁剪多余的边角，摇曳之中，她就像是一个芭蕾舞者，一举一动都流露着优雅的姿态，弯腰、挺身、单膝跪地……一个一个舞步造就了白色的经典。旋转之中，可可·香奈儿带动着白纱的轻盈，沉醉其中，演绎自己的独角戏。

不带有病态的苍白，也不是虚弱的惨败。可可·香奈儿让白色不再是毫无内容的存在，而是给予了它另一种生命的意义。

白色，可以是深暗的衬托。在蔚蓝海岸生活的日子里，可可·香奈儿喜欢将自己的皮肤晒成古铜色，她每每走在海边，耀眼的阳光折射在海面，波光粼粼。古铜色的耳垂上，白色耳坠在左右摇摆，鲜明的对比高调地向世人宣布自己的青春活力。可可·香奈儿喜欢这种对比，也喜欢这种鲜明的差异。在她的眼中，这种对比让白色不再单调。

在心底里，可可·香奈儿对白色也存在着更深一层次的感悟，那是悲伤与诀别的滋味。白色的马匹、白色的鲜花、白色的灵车，当一个人离开世界的时候，白色是最好的悼念，这一点和黑色的寓意倒是很匹配。

由黑到白，这是视觉上的冲击，却也是心底里的呼喊。

1922 年，在可可·香奈儿的春季发布会上，白色成为了时尚的主角。美国《Vogue》杂志对那年的白色系列给予了很高的评价："康朋街全新演绎了白色，为时尚设计增加了一种新的生命力，震撼人心。整个康朋街都散发着春之气息。香奈儿的白色让人真实地触摸到春光的色彩。这是香奈儿首次把所有白色作品集合成一个系列呈现，她的白色系列让人们好像从发布会现场突然置身在诺曼底的果园。"

无疑，白色代表纯洁与美好，所以那么多的女人在结婚的时候才会选择洁白的婚纱，见证自己的幸福时刻。然而可可·香奈儿却从未穿过婚纱，也很少设计婚纱，在为数不多的婚纱作品当中，可可·香奈儿曾经为妹妹亲自设计过一款婚纱。

　　在最初成立工作室的时候，可可·香奈儿的妹妹就为姐姐工作，一直到 1919 年的 11 月份，妹妹决定嫁给一位加拿大的飞行员为妻。作为姐姐的可可·香奈儿想要送妹妹一个特殊的礼物。于是很少接触婚纱的她为了自己的妹妹，亲自制作了一款适合的婚纱。婚礼当天，可可·香奈儿的妹妹穿着洁白的婚纱，一步一步走向自己的爱人，当时还在世的亚瑟·卡佩尔则是他们的证婚人。

　　就在新婚不久之后，这位新娘就在异国他乡因病去世了。那一场婚礼成为了可可·香奈儿与妹妹的最后一次见面，那一件洁白的婚纱成为了妹妹的离世缟素。一袭婚纱，代表着忠贞，也预示着死亡。像是一种诡异的咒语，暗示着生命的离去。包括可可·香奈儿的妹妹，也包括她的芭蕾舞大师朋友——迪亚吉列夫。

　　当可可·香奈儿与米希亚在游艇上休息的时候，收到了迪亚吉列夫的助手发来的电报，电报的内容大概是说迪亚吉列夫已经病危，让可可·香奈儿来看一看。

　　当游艇到达威尼斯的时候，可可·香奈儿便迫不及待地下船去看望自己的朋友。晚年的迪亚吉列夫患上了糖尿病，再加之自己的脾气暴躁，此时的他十分虚弱，时而清醒，时而糊涂。炎炎夏日的 8 月，迪亚吉列夫被病痛折磨得大汗淋漓，却依旧觉得冰冷。两天之后的破晓时分，迪亚吉列夫就在朝阳升起的前一时刻，默默地离开了这个光明的世界。

　　一贫如洗的迪亚吉列夫在去世之后什么都没有留下，可可·香奈儿为自己的这位好朋友付清了所有的账单，并为他举行了葬礼。伤痛的日子里，可可·香奈儿穿起了迪亚吉列夫最喜欢的白色裙子，送别了自己的这位好友。

　　白色的悲哀就是如此的存在。可可·香奈儿身边每一位亲人和朋友的离去，似乎都与白色有着深深浅浅的纠葛。

　　童年时，可可·香奈儿的父亲曾经送给过她一条白色的裙子，蓬松的白纱，宽大的裙摆，还如同婚纱一样带有一个头纱。这是可可·香奈儿的第一条裙子，也是最重要的一条。或是因为它满足了女孩对于未来的幻想，或是因为送这条裙子的主人。不管怎样，这件白色纱裙成为了可可·香奈儿步入设计师殿堂的敲门砖。

但是，最终送给自己裙子的父亲抛弃了自己，离她远去，妹妹也永远地离开了这个世界。白色，真的就是这么的悲伤。

对于可可·香奈儿来说，白色也许是一种痛苦的回忆。那件童年里类似婚纱的裙子也成为了可可·香奈儿字典里的禁语。因为有着不美好的回忆，她才会在众多时装中都展现自己的天赋，唯独不涉及婚纱主题。

这就是狮子座女人的特性——以自我为中心。不喜欢就不去做，喜欢就去坚持，丝毫不在意别人异样的眼光。但是可可·香奈儿与我们不同的是，她可以将自己这种强烈的个人风格影响到身边的人，甚至是全世界。

当马路上所有的车子都是浅颜色的时候，可可·香奈儿却离经叛道地选择深蓝色的劳斯莱斯。就在人们都觉得这种颜色的汽车很容易联想到灵车，觉得晦气的时候，可可·香奈儿却悄无声息地在全世界掀起了一股海军蓝的时尚潮流。

这就是可可·香奈儿的强大之处。黑色是她的灵魂，白色是她的内心。当黑与白化身成为女王的时候，可可·香奈儿自在随性地引领着风尚潮流，掀起一阵又一阵的香奈儿风。

| 第五章 时尚推手 |

每个女人的衣柜里都应该有一件香奈儿

「 永恒经典 」

黑色凝聚了所有色彩的精髓

有人说，从一个人喜欢的颜色可以看出其性格。好比红色代表热情，蓝色代表忧郁，紫色代表浪漫，粉色代表纯真……而一贯不被人看好的黑色，则代表着严肃，代表着刚毅。似乎，黑色与那些美好的词汇从来都没有关系，而一个喜欢黑色的人，那他传达给人的气质便会是充满神秘感和阴郁。

偏偏可可·香奈儿就是这样的人，她是如此地钟爱黑色。很多人不明白，为什么一个女人会不喜欢彩色，会将卧室的床头渲染上沉重阴暗的黑色呢？

可可·香奈儿就是一个喜欢黑色的"怪女人"，她会一整天都穿着黑色的衣服并骄傲地说："在我之前没有人敢穿黑色的衣服。"

对于一个女人而言，似乎除了葬礼，再没有了穿黑色衣服的场合和理由。无论是耀眼的暖色系，还是冷郁的冷色系，即便是看上去清雅的白色，都好过黑色的压抑与沉重。可可·香奈儿却将这种沉重的黑色演绎到了极致：她会在白天穿上黑色羊毛衣服，到晚上换成黑色的真丝或者天鹅绒裙装。

也许，正是因为情人亚瑟的离去，因为车祸现场上那一句"我要让所有的女人都穿上黑衣服"的誓言，才造就了香奈儿小黑裙。

钟爱黑色的可可·香奈儿在多年前就制作过十分漂亮的黑色晚礼服。在她的眼中，除了黑色，其他的颜色都只是一种颜色而已，并无分别。1920 年，当可可·香奈儿在剧院里看到周围女性那些花哨服饰的时候，她发出了这样的感慨："这些颜色真是让人难以忍受，我真恨不得让她们都穿上黑色的衣服。所以我就用了黑色……黑色能把周围的一切全部赶走。我过去对颜色很宽容，但是我把这些颜色都当作是一种颜色来对待，并且法国人也没有明确的色彩概念。"

就因为心中怀着这样的想法，可可·香奈儿设计出了经典的"小黑裙"，可可·香奈儿也为经典的小黑裙选择了一个十分完美的发布时机。1926 年，因为第一次世界大战后的欧洲正在经历狂风骤雨般的变化，小黑裙的问世，似乎为时尚界带来了一种新的感觉，人们甚至用美国最好卖的汽车的名字来称呼它为 Ford 裙。

喜欢黑色的，可可·香奈儿不是第一个人，小黑裙也不是第一件黑色的裙子。与曾经出现过的黑色裙子相比，虽然可可·香奈儿的小黑裙的颜色同样为黑色，但是在款式方面，却是前所未有的新款。可可·香奈儿将她的黑色裙子卸去了战前的大帽、窄裙摆和极致的装饰，她将小黑裙的长度调整到了膝盖，简洁的黑色加之长至膝盖的裙摆，妩媚中带着几分帅气的纤细。

如此惊艳的小黑裙，在制作之前也给可可·香奈儿带来了困扰，可可·香奈儿曾坦言："没有比制作小黑裙更困难的事情了。"任何传世经典都不会轻而易举，艰难是必须要面对的。"一个女人在舞会上穿着黑色礼服或者是白色礼服会非常漂亮。你的眼里只有她。"

很多女人在第一眼看见小黑裙的时候，认为这样的黑色会让自己丧失原创性，担心自己的穿着会与别人一样，不能在人群中脱颖而出，这让女人们对这款小黑裙充满了疑惑和犹豫。可当真正穿上它的时候，心中的疑惑变为了惊讶，犹豫变为肯定。原来，这样一款小黑裙谁穿上都能好看。对于它的受众人群而言，就如同它的颜色那样可以接受一切。而黑色，也会让女人们更加妩媚妖娆，婀娜多姿。

人们总是习惯用惯性思维思考事情。为了博人眼球，女性会选择一款夸张或者鲜艳的服饰，以为这样会吸引人的注意力，这是所有人的观点。然而当人群中大多是花花绿绿的颜色，这件小黑裙便会成为大家的关注点，会更加引人注意。如果再佩戴上香奈儿设计的钟形女帽，一定会成为潮流的引导者。

反其道而行之，试一试逆向思维，往往会得到不可思议的效果，例如这件曾经并不被看好的小黑裙。

小黑裙，它不挑剔，什么场合都能成为焦点，什么颜色都能够完美搭配，什么款式都能够相契合。可可·香奈儿用优雅高贵的方式向世人宣告黑色的意义，被重新诠释的黑色成为了经典中的经典。

每一个新事物的产生都会受到褒贬不一的评价，设计师 Paul Poiret 就认为这种小黑裙是“营养不良”的产品，但它却受到了美国《Vogue》杂志的赞美，它预言这款小黑裙会成为所有现代女性的一种制服，会成为一个时代精神的结晶，就像是美国的福特汽车。而卡尔·拉格斐更是下结论道：“在时尚的世界里，有些东西是永远都不会过时的，那就是一条牛仔裤，一件白衬衫与一件香奈儿外套。”

时光流逝，直到如今，可可·香奈儿的小黑裙依旧经久不衰，惊人的销售量再一次证明了可可·香奈儿的地位与品位。一条小小的黑色裙子被越来越多的女人收纳到了衣橱中，并成为自己生活中出镜率最高的裙子。一代又一代的丽人演绎着小黑裙的神秘与妩媚，传承了香奈儿留下的黑色经典。

黑色，可可·香奈儿继续诠释着它的永恒。

黑色小外套，成为了可可·香奈儿演绎的又一件经典之作。

灵感的爆发总是在不经意的一瞬间。在奥地利的萨尔兹堡，可可·香奈儿遇见了米特西尔酒店的主人——冯·庞茨男爵。仅仅是在电梯里的一次相遇，仅仅是一件服务生的制服，就开启了可可·香奈儿关于制作小黑外套的大门。

一件简单、优雅的男性制服，是香奈儿小黑外套的设计灵感。在可可·香奈儿看来，当时的女性服饰严重束缚了女性的身体，被禁锢的身体不能得到最大的自由是种生命的悲哀。遇见冯·庞茨男爵，可可·香奈儿的灵感犹如被触动了某一个爆发的点，思绪泉涌般的让可可·香奈儿有着一种冲动：她要解放女性，重返自由。

可可·香奈儿总是做着与其他人格格不入的举动。在人人都追求曲线与紧身的年代，可可·香奈儿就是要特立独行："我设计的 Chanel 套装，是为活动的女人而设计。我的外套从里而外都好看。"小黑外套的诞生，彻底地归还了女性自由与活力。穿着它，你可以骑马，可以打高尔夫，可以随意地运动，无论白天还是晚上，无论室内还是室外。它的舒适与外观颜色，极易穿戴和搭配。可可·香奈儿也赋予了这种小外套独特的设计风格：完美的黑色、柔软的斜纹软呢、方正的廓形，完美无缺的结构比例、衣摆对襟的设计，让这款小黑外套不仅仅是一件普通的外套，更象征着自由与独立。

每一个新生命的诞生，都有自己存在的意义，存在即为可能。可可·香奈儿的小黑外套有着自己的意义，因为它更注重实用性：外套的口袋是真正能够装东西的口袋，而不只是摆设；纽扣的扣眼也是可以使用的，你可以扣上自己的外套，也可以随意地松开；卸除了套装的里布与垫肩，也就卸除了僵硬与紧束；两边的长袖做出些弯度，并且还会在里面多加一块布料，为的是符合手肘自然的曲直与活动空间；柔软的布料更贴近肌肤般的丝滑柔软；彼得莎姆的缎带滚边、环状辫饰和利落的线条变化，都让小黑外套成为独一无二。

仿佛在黑暗中找到了黎明的曙光，黑色，让可可·香奈儿又一次走到了时尚的尖端，继续未完成的王国缔造，这一次，可可·香奈儿将黑色用在了香水上面。

如果说奥地利成就了小黑外套，那么威尼斯便成就了香奈儿香水。

也许你去过那座柔美的城市，也许城市里的水光、建筑都已经变成模糊的记忆，可是那曾经弥漫在城市里的味道，却依旧隐约存在于你的脑海中，久久挥之不去。如果每一座城市都有自己的味道，那么威尼斯便是香奈儿可可的香气。黑色、芬芳，可可·香奈儿突破了以往的思维，将香水的瓶子渲染成黑色。黑色瓶子的香水，充满了诱惑的味道。仿佛那瓶子里装的不是让人心旷神怡的香水，而是可以催眠人心的神水。

在这座属于水的城市里，简单和清澈让可可·香奈儿明白了自己不喜欢矫揉造作，不光是衣服，还有内心。古老的建筑，柔柔的水波，划船的男子，让香奈儿看到了自己的另一面，也汲取到了重生的力量。她开始意识到，其实香水的干净不只可以装在透明的瓶子里，或许黑色，会带来更好的神秘感与诱惑力；或许，一个极具魅力的女人，可以将神秘与轻松友好地结合到一起，更有内涵也更富有层次感。与单纯的透明玻璃瓶相比，不会让人一眼看穿，黑色的瓶身，让里面的香味富有层次感的诱惑。

拜占庭金色镶边的标签烙印在精致的黑色瓶身，黑暗中，一抹炫耀的金色犹如夜空里的流星划过宇宙边际。黑色渲染着金色的光芒，金色衬托着黑色的宁谧。瓶身的线条勾勒出了完美的角度，而顺滑的斜面切角流畅地展示着它的美感。

没有人会想到，原本不会有交集的它们，组合到一起之后，会产生完美的一面。香奈儿是对的，因为那晶澈深邃的黑色，彰显着奢华与典雅。

所以，我们才会在初次看见可可小姐黑色香水的时候，眼神中带着光亮和差异，原来黑色也能带给人这样的美丽。

夜深人静的时候，轻轻闭上眼，想象一下，在一排排闪光灯的面前，人们在按动着快门，想要留下可可·香奈儿的美好。淡淡的香奈儿可可黑色香水在散发着自己的悠悠香气；一袭黑色的裙子在尽显你的妩媚妖娆，随手披上一件外套，自由中不失优雅；大颗的珍珠配饰展现着高贵的气质。这一刻，在闪光灯下闪动着美好，为这绝世的美丽感叹。

美的享受不需要刻意，不需要安排，一切都是那么自然。

而那个赋予人间美丽的女子，就站在那片黑色之下，白色的礼服诉说着她的孤独。阳光幽幽照在她如雪般的肌肤上，白色衬托出了她的宁静，面前的一切都静止了。正在夕阳西下的时刻，残阳的光辉都尽数收在她的眼中。这样的景色仿佛就发生在昨天，某一个美丽的梦境中。凝视、回首、微笑、静默，一幕幕都在眼前。

可可·香奈儿欣慰自己可以将这些美好留在人间，留给世间所有想要变美的女人。然而，她的内心呢？那片最柔软的地方，早已经干瘪下去。因为亚瑟的永远离去。悲惨的结局让可可·香奈儿的心空了一块，所以，她才会用这些黑色来弥补自己心灵的空缺与孤寂。

「 典雅皮包 」
将梦想背在肩上

《欲望都市》中的凯丽曾经说过："我们都爱包包。"这样一句话，只有短短的六个字，却道出了所有女人的心声。

一个女人，可以出门不化妆，可以不穿高跟鞋，可以不穿漂亮的衣服，但是绝对不能没有包。它可以扮演你亲密的爱人，可以充当你的好友闺密，可以成为你的造型师。一个小小的包，可以增添你的气质，带给你最无尽的安全感。

女人的包，看似并不起眼，但是却有着许多值得考究的地方。从用料到外观，可谓是琳琅满目：各种真皮、仿皮、帆布；不规则的扁形、多棱形、长方形；可以单肩背，可以斜挎，可以手提；多姿多彩的颜色让女人可以随意搭配自己的衣服，或是典雅，或是浪漫，或是纯洁，或是高贵。无论是哪一种，都无不彰显着女人的身份与品位，无不昭示着属于女人的柔美与妩媚……

女人的包，装着女人的秘密。一个小小的女包，可以装下口香糖、唇膏、香水、眉笔、钥匙……或许，无形之中，一款心爱的包包可以寄托着女人的梦，一个关于时尚和美丽的梦。

20世纪初期的欧洲国度，很多女性在出席社交场合的时候，都会拎着一款小包，虽然包的体积很小巧，但是女人们依旧需要用手拎着自己的包。一旦需要她们做某些事情的时候，这个看似小小的包便会极度的不方便，于是，聪慧的可可·香奈儿再一次发挥了自己的智慧，她将这种小包加上了金属圈钩连成环链的背带。一切问题迎刃而解，为可可·香奈儿的传奇故事增添了浓墨重彩的一笔。

对于这种背带的来源灵感，可可·香奈儿是因为废物利用而成功的。1955 年，战后的欧洲市场极度缺乏物资，于是，废物利用成为了时尚人士的消费主张。通常而言，女式包的背带应该是用皮料制作而成的，而独具匠心的可可·香奈儿将女套装下摆的金链条与皮革缠绕在一起，形成了一种新的混搭效果。金属链条加上皮革，柔软中带着坚强，却又不失女人的妖娆。

这种双链条背带的灵感，源自于可可·香奈儿童年时期在奥巴辛孤儿院里的所见所闻。在奥巴辛孤儿院里，管理员为了更好地管理孩子，会用两条一模一样的链子将孩子从腰间交叉锁住，所以可可·香奈儿才会在女包的背带上加入了链条这一元素。链条应该成就美丽，而不是束缚自由。可可·香奈儿将童年的经历演变成了时尚物件，但一扫童年的阴霾，这款同样带有链条元素的女包，没有了孤儿院的恐惧，它更多的是带给人们眼前一亮的新鲜感觉。

在当时众多的奢侈品中，可可·香奈儿的这款带有肩带的女包让人大吃一惊。在人们的印象中，带有肩带的包通常是和普通人相挂钩的，但是大胆的可可·香奈儿将它引入到了时尚当中，成为了名流贵妇的钟爱之品。

"要解放女性身体，自然也要解放她们的双手"，这就是可可·香奈儿对于这句话的最好的证明。在此之前，欧洲上流社会的贵族女性所用的包大多是手拿款式，没有带子，她们所用的包体积也很小，基本装不下什么东西，只能用来装嗅盐，钱则由仆人拿着。

这款具有划时代意义的女包被命名为"Chanel（香奈儿）2.55"。和香奈儿 NO.5 号香水一样，名字的来源很简单，因为这款包的发布日期是在 1955 年的 2 月份，所以取名 2.55。

一个物品从诞生到成为经典，依靠的不是宣传，不是人云亦云，而是它带给消费者的感受与体验。唯有你真正拥有过它，才会对它情有独钟，才会懂得它存在的意义。

其实，一款女包也可以拥有生命，拥有感情。它不只是冰冷的生活用具，每一个细节，每一个角落，都有着属于它的意义与故事。当你与它融为一体，你便会感知到它因何而来，为何完美，这所有的一切，可可·香奈儿都做到了。

密密麻麻的衍缝造就了香奈儿经典的菱格纹，它的针脚可以坚固无比，同时还能够编就各种各样的图案，或 S 形，或半圆形，或十字交叉形。而最初，这种针脚也只是被用在家具用品上，直到后来才被慢慢用在图案纹理的装饰上。倘若不是可可·香奈儿，或许我们现在并不能看到和使用到菱格纹的女包。

在材料的选择上，可可·香奈儿为 2.55 采用了羊皮和小牛皮。可可·香奈儿十分喜欢用羊皮来制作女包，因为她觉得羊皮的柔软能够带给女人最好的触摸手感。但是柔软的同时也有弊端，那就是羊皮太容易被磨伤，同时羊皮的延展度太高，所以很容易变形。为了解决这一问题，可可·香奈儿便将海绵之类的东西填充到羊皮与内里之中，并且用菱格的针线图形将其缝纫起来。如此将羊皮框起来，不但可以让柔软的羊皮不再轻易地变形，而且还能够保证香奈儿女包的各种款型的固定。

柔软细腻的皮革经过特殊的加工处理被制成颗粒状，就好似荔枝的外壳一样凹凸不平，拥有细小的纹理，因此这种皮革也被叫作"荔枝皮"。从 1955 年到今天，Chanel 2.55 包的材质丰富了许多，除却最初的小牛皮和羊皮，还使用过鳄鱼皮和蟒蛇皮等其他材质。在颜色的选择上，可可·香奈儿通常采用灰色、沙褐色、青瓷、午夜蓝以及棕色等颜色。每一年每一季，流行色彩都会在 Chanel 2.55 的包上体现。那些形形色色的包搭配着多姿多彩的颜色，就像是可可·香奈儿在奥巴辛的窗户上看到的颜色那样。

可可·香奈儿是一个完美主义者，她注重细节。因为细节总能体现出一个人的品位与内涵。Chanel 2.55 的内饰，一共设置了三个内层口袋，带有拉链的内袋和前面的隔层是可可·香奈儿最满意的地方，因为可可·香奈儿始终觉得，一个女包需要带给女人安全感，在这个隐秘的地方，可以放置一些不想让人知道的物件，例如情书。

时代的流转，让可可·香奈儿女包的设计也需要不断去改变，去创新，去更适应人们的需要。这款 Chanel 2.55 皮包在基础的设计上，已经幻化出大手提袋、背包、化妆包、小型皮包等诸多款式，使得添加了更多时尚元素的香奈儿女包历久弥新。但是无论怎样改变，香奈儿的精神与内在依旧不变，不论是哪一种款式的女包，都需要经历剪裁、贴合、缝纫、再剪裁、拼接、缝上拉链、镶嵌扣眼到最后的包装，足足经过 180 道工序才能完成一个女包的制作。制作过程之所以如此复杂而又漫长，因为可可·香奈儿女包是工匠们纯手工制作出来的。

不难发现，很多奢侈品厂家都自称其产品是手工制作的，但这种手工其实并不纯粹。可可·香奈儿一直沿用实打实的手工。每一个香奈儿的工匠都会系着皮围裙，一手拿着锥子，一手拿着浸过蜡的麻线，就这样一针一线，花 3 天的时间去完成一个女包的制作。工匠们用的针法，是一种叫作双骑马钉的祖传针法，这是可可·香奈儿女包的法宝，而这一法宝也注定香奈儿包的制作不能用机器，只能手工缝制。

在香奈儿女包的制作过程中，有一道工序叫作"衍缝"，这也是香奈儿女包标志性的工序，在可可·香奈儿之前，没有一人懂得在皮革上的这种衍缝工序。

不仅是缝制的针法和制作工序的严苛性，可可·香奈儿对制包的皮革也有着严格的要求。

车间里，一堆堆的皮革让人们见识到了什么是完美与舒适，殊不知，这些都是可可·香奈儿淘汰的皮革，是无法使用的废料。在外行人看来，这些材料是上乘品，在可可·香奈儿看来，只要有一点点的瑕疵，都会被丢弃。只有这样，完美的皮革才能制出完美的女包，这是可可·香奈儿一直坚守的理念。

如此的精致与高贵体现在香奈儿女包的每一处细节上。这是可可·香奈儿想要带给我们的享受。

一个经典的包包，是女人最好的镇家之宝。半个世纪以来，人们用自己的热情与追捧回馈着可可·香奈儿的用心。香奈儿 2.55，是历代名媛贵妇的心头之好，或许我们无法改变自己的出生，但是香奈儿 2.55 却让我们可以通过自己的努力圆自己一个公主梦。那是女人的骄傲，也是可可·香奈儿给予我们的独到之美。

在卡尔·拉格菲尔德于 1983 接手香奈儿之后，这个扎着小辫子的男人依旧钟爱香奈儿菱格纹女包。卡尔·拉格菲尔德曾说过："香奈儿菱格纹包之所以被视为重要的时尚元素，正因为它能衬托出各类型女孩最优雅的体态。"

在菱格纹的基础上，卡尔·拉格菲尔德按照香奈儿 2.55 的款式修改设计了 Chanel ClassicFlag Bag 女包系列。Chanel ClassicFlag Bag 采用了香奈儿双 C 转扣和经典的皮穿链背带，与可可·香奈儿的 2.55 一样，经典中带着时髦感。小巧的设计不会占用太大的空间，也不会影响女人的自由活动。

与可可·香奈儿设计的 2.55 不一样的是，卡尔·拉格菲尔德将最初的长方形纽扣改为了香奈儿的双 C 标志的金属环扣，更加彰显香奈儿的精髓。因此这款 Chanel ClassicFlag Bag 也被人看作是香奈儿 2.55 款的经典版本。2005 年，卡尔·拉格菲尔德为了纪念香奈儿 2.55 诞生 50 周年，在可可·香奈儿于 1955 年时设计的女包基础上，推出了第一代香奈儿 2.55 复刻版女包，并且为其取名为 "2.55 Reissue"。

然而，经典也需要推陈出新。经过多年的演变，香奈儿 2.55 女包已经有了很多改良，纯金属链、金属与皮革交织链、单盖、双盖、方形扣、双 C 扣……每一款香奈儿女包，都让人流连忘返。

越来越多的人开始喜欢香奈儿的女包，也越来越无法抗拒香奈儿带来的魅力。曾经华丽的奢侈品牌，成了每个女人的梦想。从香奈儿中国代言人周迅，到那些国内外钟爱香奈儿的歌星、影星、模特、时尚博主、真人秀明星……她们都无法抵挡香奈儿女包给予的无穷魅力。

一款包，盛装了女人所有的小秘密，也承载了女人小小的梦想。

「 性感香氛 」
香水让女人更美好

不抽烟的女人没有过去，不洒香水的女人没有未来。

慵懒松散的头发，紧致性感的衣服，细细的高跟鞋，无论是哪一种，都不如一瓶香水带来的美好那样让人痴迷、令人回味。淡淡的幽香透露着一种神秘感，仿佛一枝独秀的玫瑰，在花丛之中尽显自己的妖娆与妩媚。虽然同是那样沉默的姿态，但遮挡不住的悠悠然的香味，却让女人魅力十足。

在香水的世界里，香奈儿 5 号一直以佼佼者的姿态领先。这款带有香奈儿名字并且配有独特八角形瓶盖的香水，散发着让人痴迷的味道，也诉说着它神话一样的存在。

"我喜爱女人，我想给她们提供衣服，她们穿着我的衣服会很舒服；她们可以开车，同时衣服能突出女性气质，而且女性的身体还能随着衣服滑动。我还想给她们一种香水，是一种人造香水……我不想要玫瑰或者是山谷里的百合，我想要一种合成的香水。"

就这样，可可·香奈儿有了制造香水的想法，她开始注重女性的整体形象，然而，当可可·香奈儿把自己想要制作香水的想法告诉艾德里安的时候，遭到了姑姑的反对。艾德里安的反对不是没有道理，可可·香奈儿打拼的这些年，已经将自己的服装生意做得很好，也赚了很多钱。在服装领域，可可·香奈儿游刃有余，但对于制作香水，可可·香奈儿是一窍不通的，那些化学与香料，对于她来说是一个全新的领域。

新的事物就意味着存在风险。如果成功了，那是最好；如果失败了，不但浪费了财力，也浪费了精力。将在服装上的精力分给香水一半甚至更多，这很可能会导致两败俱伤。

这仅仅是一个想法，但当可可·香奈儿结识恩尼斯·鲍的时候，梦想照进了现实。

恩尼斯·鲍曾经是俄罗斯宫廷的御用调香师，后来成了军人。战争之后，恩尼斯·鲍回到了法国，并成立了一个香水实验室，开始专心研制香水。他对香水的痴迷与热爱简直无法形容，那些香气四溢的原料与香水就是他的生命，流淌在血液里，倘若有一天，他的生命里没有了香水的存在，那么生命也就没有了任何意义。

第一次世界大战的爆发让既是调香师又是军人的恩尼斯有了深彻的感悟。灵感激发创造，恩尼斯决定制作一款新的香水，只是那时候还没人预料得到，这款后来被命名为"香奈儿5号"的香水会成为香水界的传奇与神话。

对于香奈儿5号的创作过程与灵感来源，恩尼斯·鲍在后来的一次演讲中，回忆了这段难忘的经历："我已经被告知5号香水创作的一些要求。我是什么时候创作它的？毫无疑问，那是在1920年，当我从战场上回来后不久。我曾参与过一场欧洲以北地区的战役，在北极圈附近，午夜时分，湖泊与河流在极光的照射下散发出极度清澈的气息，深深地印刻在我的记忆中，我重新复制了它，这当中并非没有困难，因为我最初能够找到的乙醛不太稳定也不太可靠。那又为什么是这个名字呢？香奈儿女士有一家非常时髦的时装屋，她让我给这家店设计几款香水，于是我带过去两个香水系列：No.1-5以及No.20-24。她选中了几瓶，其中就包括No.5。当我问到'给它起个什么名字'的时候，香奈儿女士回答说：'我5月5号开时装发布会，这是一年中的第五个月，我们就把No.5这个名字赐给它吧。'这个数字始终为她带来好运。"

香奈儿NO.5香水的问世要感谢可可·香奈儿本人，更要感谢幕后的恩尼斯·鲍。是他实现了可可·香奈儿关于将"天然原料与合成原料"混合在一起的想法，在这款香水里面，恩尼斯·鲍将乙醛、格拉斯茉莉、香油树花、橙花、五月玫瑰、檀香和波本香根草完美结合到一起，让香奈儿 5 号成为了"一瓶史无前例的香水，一瓶充满女人味的女性香水"。这是可可·香奈儿对于这款香水的感觉，能够得到香奈儿如此高的评价，可见这款香水是多么的让人痴迷。

一款经典的香水总是让人充满好奇，香奈儿 5 号从问世至今，一直成为女人们宠爱的一款。追溯它的时间，恩尼斯陷入回忆，仿佛那是很久远的事情，却又如此的坚定："绝对是 1920 年，我刚从战火中的俄国回到法国。"

1920 年，恩尼斯·鲍研制出了这款极致香氛。1921 年的香奈儿，将这款命名为"香奈儿 No.5"的香水推向了市场。

相对于其他产品的命名，这款香水的名字显得很随意，似乎没有什么深层次的意义，但不得不说，阿拉伯数字 5 确实给可可·香奈儿带来了好运。简单的一个数字 5，是狮子座所代表的第五宫，是年少时奥巴辛走廊里五角星地砖，是某种花语的数字，是炼金术的第五位……或者说，它代表着香奈儿的童年，代表着可可·香奈儿的曾经。风靡世界的香奈儿 5 号香水，让可可·香奈儿勾起了自己对于童年的回忆："阿姨家碱性肥皂的味道，橱柜中散发的淡淡的香草气息，以及新打过蜡的家具和地板的味道，在那里，所有的一切都是如此的干净。"

对于有些洁癖的可可·香奈儿来说，干净的就是最好的、最让人舒服的。她敏锐的嗅觉促使她远离那些令人不舒服的味道，她喜欢干净的。无论面对的是什么身份的人，香奈儿从未改变。那些散发着令人愉快气味的高级妓女让可可·香奈儿很羡慕，而那些气味不好闻的上流社会的女人，让可可·香奈儿心生厌恶。甚至，敏感到有些神经质的可可·香奈儿都不愿意去看那些上流女人的照片，可可·香奈儿吃惊于她们的坏习惯，便不愿接触。

　　可可·香奈儿拥有灵敏的嗅觉，她始终觉得周围的一切都有自己专属的味道。每个人也应该有自己的独特味道，这味道来自香水。然而，香水不是随随便便就能够用好的，如同人一般，香水也是有灵魂存在的，至少可可·香奈儿是这样认为的。如果你选择了一款不适合自己的香水，那么还不如什么都不用更干净，用错了香水，是对其灵魂的玷污："女人们常用着别人送她的香水……一定要用自己喜欢的，属于自己的香水。当我的外套遗落在某处的时候，人家会知道那是我的外套，我年轻的时候如果有钱，我会立即去买香水。曾有人送我一瓶 Floris's Sweet Peas 香水，这让我觉得自己是个可爱的乡下姑娘。然后我就意识到它不适合我。"

　　可可·香奈儿总是做着符合自己性格的事情，她对过去的厌恶让她对于童年的经历闭口不谈，她对梦想的执着让她成为了时尚界的女王，她对上流社会的向往让她走向了成功。是的，可可·香奈儿渴望成功，所以，对于这款香水，香奈儿也有着自己版本的故事，在她的故事里，自己依旧是主角。

　　当可可·香奈儿的朋友米希亚，在拿破仑三世的妻子欧仁妮皇后的那些信件中发现了让人惊异的美容秘方，知道凯瑟琳·梅第奇也用这种美容秘方的时候，米希亚看到了这个秘方的未来潜力。于是米希亚选择了可可·香奈儿，她想让可可·香奈儿按照配方制作这种神奇的化妆水。至于为什么选择了香奈儿，米希亚觉得"香奈儿"这三个字具有魔法，足以影响它的发展，因为这个名字就是成功的保证。只要让人知道这款化妆水与可可·香奈儿有关，就一定获得成功。

　　对于这种化妆水制作的过程，可可·香奈儿因为可以将自己的风格融入里面，她说："用一个非常沉重的瓶子费力地做实验，这个瓶子超简单，很像是用药的瓶子，我可以按照自己的风格和优雅的触摸，将这个瓶子赋予了一切。"

　　这个沉重瓶子里装着的，就是香奈儿 5 号香水的最初版本。

　　一款机缘巧合的香水，一经问世便受到人们的追捧。信心大增的可可·香奈儿在"香奈儿 No.5"之后，又推出了香奈儿 No.22，以及岛屿森林等多款香水。没过多久，可可·香奈儿推出的香水就已经遍布世界各地。仿佛是魔法般的存在，可可·香奈儿的名字造就了经典传奇，她也通过香水的味道塑造了一个又一个的充满时尚气息的女性。

　　香水，就是这么的奇妙，小小的一瓶香水，便可以给人以全新的面貌。

　　奇妙的香奈儿 5 号，无论是芳香的气味，还是独特的外观，都注定它会占领人们的心。

　　在 20 年代，大批大批的玻璃吹制工出现在用工市场上，那些玻璃瓶子也就大批大批地涌向市场。堆积的瓶子便成为了香水的专属。装有香水的瓶子都是丘比特式的形状，为的是将女性、诱惑与神秘紧密地结合起来。

　　干净的香味配上干净的透明玻璃瓶，如此的浑然天成。当然，神秘就在于此。随着香奈儿 5 号的供不应求，却没有人确切地知道，将香水放在透明瓶子里是谁的想法。直到 1973 年，可可·香奈儿的律师才首次提到关于这个香水瓶子的点滴："她（香奈儿）刚发现了香水就设计了自己的瓶子，她设计的东西非常简约，非常精细……瓶子从来没有变过，这是一个共识。我们可以在最时尚的杂志上登整页的广告，只放上瓶子的照片就可以，我们不需要解释性的文本。"

　　这是一种极致，也是成功的标志。当设计师完成一件作品的时候，往往需要文字的描述与图片的展示才能博得人们的注意，当完美的作品呈现，强大的气场则不需要过多的赘述，只要简单的图片，便可以诠释一切。就像是香奈儿这个名字，无须解释，只要是香奈儿的作品，就代表着时尚品位与艺术气息；倘若加上文字去诠释，反而降低了可可·香奈儿的档次，变得与那些普通物品毫无差别。

　　长方形玻璃瓶，八角形的瓶盖，两个背靠背交叠的字母 C，白底上印着黑字"chanel n° 5"，简单朴素的设计中，透露着时尚与前卫。只要一滴，便会暗香浮动。

人们喜欢香奈儿5号，因为它不单单能够给人带来美好的芳香，而且代表着品位与艺术。好莱坞女星玛丽莲·梦露对于香奈儿5号的钟爱，也让它多了一丝性感："夜里，我只滴香奈儿5号，并且有一滴就够了，我想让哪儿迷人，就滴在哪里。"

从时尚服装设计师到香水的领军人物，可可·香奈儿做到了完美，也开创了简约包装的先例。但在追求华贵的时代，可可·香奈儿的这种简约却不被那些所谓的专家看好，他们认为，往日叱咤风云的可可·香奈儿，这一次恐怕要毁在透明的小瓶子身上了。时间是最好的证明。一百年过去了，那些曾经对它嗤之以鼻的专家不会想到，就是这个简约的香水瓶子竟然会经久不衰，甚至在1956年，还被美国纽约大都会博物馆收藏。

时尚帝国里，弥漫着香奈儿5号的芬芳，阵阵清风，依旧吹不走属于她的迷人与美好。

「 极致珠宝 」

当女人遇见钻石

在香奈儿 5 号香水取得巨大成功之后，可可·香奈儿越来越觉得，一个有品位的时尚女人，还应该有属于自己的绝美珠宝。1924 年，可可·香奈儿成立了自己的珠宝工作室，并开始为进军珠宝界做准备。

人人都觉得珠宝钻石是昂贵的奢侈品，它们虽然闪耀，但是只有那些上流社会的富贵女人才能拥有。它们珍贵，也就注定要昂贵，对于钻石珠宝珍贵的一面，可可·香奈儿却不以为意："珠宝有着一种生动的、神秘的、装饰性的价值，除了人们用克拉衡量之外的所有价值。如果说珠宝是一种抽象的符号，那么它代表了卑劣、不公或衰老。太华美的珠宝会让我联想到孀居的贵妇的皱纹、松弛的皮肤和瘦骨嶙峋的手指，或是死亡、遗嘱、公证人和太平间。晒黑的女郎耳朵上垂下来的白色耳环会令我着迷。女人们会目不转睛地看着走进晚宴的另一个女人所戴的冠饰或手镯，她们的眼神被那些昂贵的首饰所吸引，因贪欲而迷失。这样的眼神总会让我浮想联翩。"

珠宝不是金钱，它们只是装饰物。它们不能让人更富有，但却会让人更加美丽。

所有的珠宝与钻石，不过是一种装饰，它充满着美丽与闪耀，那种璀璨会让原本的平庸变得熠熠生辉。如果它们代表的仅仅是金钱与财富，那么为何不在脖子上戴上成串成串的现金？那样岂不是更直接明了？为什么要为钻石发昏呢？纯洁清澈的珠宝不应该被世俗污染，而是要带着美感与欣赏的眼光去看待。

珠宝本身并不具有地位，只有以聪明的方式佩戴才能展现其价值。"昂贵的珠宝并不能提高女性气质……如果一个女性看上去很普通，那么即使她戴上那些昂贵的珠宝，依然很普通……她们疯狂地追求炫目的珠宝，让我感到很恶心；珠宝不是为了引起嫉妒，更不是为了令人惊讶，珠宝只是一种装饰、一种娱乐……从珠宝店里买来的珠宝已经让我厌烦了，我想让弗朗索瓦·雨果为我设计夹式的耳环、胸针……"

于是，香奈儿走上了设计人造珠宝的道路，让每个人都买得起珠宝首饰。镶有玻璃的金链、马耳他十字架制作成的八角十字架……可可·香奈儿在用自己的实际行动证明着，奢华并不是一颗珍珠、一粒钻石就能代表的，真正的奢华是内心、是精神。

香奈儿5号的传奇正在被复制，而这一次，主角不是香水，而是珠宝钻石。

回归本真，去繁从简，可可·香奈儿一向不喜欢复杂烦冗。

在她所设计的珠宝上，都体现着简约的时尚："我的缎带非常灵活，而且可以拆分，在重大的场合中，女人可以戴上全套首饰；在休闲的场合中，那些主要的和大件首饰则可以在拆分后继续佩戴。被拆分后的首饰可以用来装饰她们的帽子或皮草。这意味着女人们的全套首饰将不再是不可分割的，它可以随着生活的内容而改变，并且可以适应生活中的不同需求……"

大克拉的钻石搭配搪瓷，祖母绿与玻璃珠子一起被加工为胸针……香奈儿总是做着惊人的事情，她将那些不可能的存在变为了可能。那些看似互相排斥的珠宝，搭配在一起后，放射出了异样的光彩。

可可·香奈儿的珠宝，无论是彗星、珍珠、山茶花，还是幸运草和菱格纹，无论是铂金、红蓝宝石，还是黄紫水晶，在经过可可·香奈儿的设计后，都被重新赋予了生命的意义，融入了属于可可·香奈儿的味道。

从 1929 年到 1933 年，是美国经济大萧条时期，法国也受到了影响。在经济萧条的阴暗笼罩下，生活变得惨淡。大胆的可可·香奈儿与这些昏暗愁云唱着反调——举办可可·香奈儿个人钻石珠宝展览。

萧条的经济让天空乌云满布，即便是闪耀的钻石，也不能穿透乌云，照射流光。这场珠宝展，我们不得不说，那些首饰真的是让人流连忘返，单单是宝石本身就价值 5000 万法郎，再加上展区中国风的装饰，足以让人目眩神迷。台上，可可·香奈儿在侃侃而谈珠宝的设计："每一件首饰都可以变化佩戴方式，展现出多样风貌：珠宝冠变身为手镯，耳坠成为胸针，星星可以装饰到吊袜带上。一物多用的设计，使得珠宝的投资更为超值。"

依旧是自信的可可·香奈儿，她的从容淡定与那些展品一样，耀眼夺目，这一次，香奈儿展览的是用真正珠宝制成的首饰，不再是仿制品。

在众多珍品里，可可·香奈儿选择了钻石。

相信世界上的女人都爱钻石，与玫瑰花一样，钻石几乎成为了女性的朋友，没有女人能够拒绝钻石的闪耀。所以，当女人们欣赏钻石的时候，男人们也应该理解女人面对钻石时的种种表现：瞳孔放大、心跳加速、呼吸急促……我们可以想象得到，那颗闪着光的小小石头里，有着女人怎样的梦。

那枚戴在手上的指环，此时正在闪闪发亮，女性就是如此地喜欢亮晶晶的东西，那颗依旧闪亮的钻石，象征着永恒，也象征着坚固。仿佛无论经历多少岁月蹉跎，经过多少风雨沧桑，它都不会失去晶莹的光彩。

钻石恒久远，一颗永流传。当奥地利大公麦西米伦在自己与法国玛利公主的订婚典礼上，坚持要求公主戴上那枚自己送她的钻石戒指时，这样一对璧人便赋予了钻石深情和忠贞的别样寓意。直至今日，每一位新娘都会为自己的婚礼精心挑选一枚喜欢的钻戒，那样透明、纯净、晶莹的钻石，代表着永恒。

它的透明，犹如天使滴落的眼泪，它的纯净，任凭风吹雨打都不曾改变，它的晶莹，仿佛是夜空里闪耀的流星。看似如玻璃一样脆弱的它，却又是坚固无比，美丽与坚固的结合，钻石就是如此的珍贵与独特，这样的钻石，才会让每个女人都怦然心动，想要拥有一枚属于自己的钻戒。

心中拥有渴望，人们就会不断努力，不断探究，为的就是满足心中无限的渴望。当钻石依旧是钻石，但却不仅仅局限于戒指的时候，女人们所佩戴的耳坠、项链、手链都有了闪耀的晶莹。慢慢地，钻石也不仅仅代表爱情的忠贞，也代表着高贵、金钱与地位。

绝美的钻石极尽所能地向世人展示着自己的珍贵，虽然本质上它依旧是一块石头，但是成为奢侈品的它并不是每个人都能拥有的。在香奈儿的时尚王国里，自然少不了钻石的入驻。

对于在萧条时期展示自己的钻石首饰的行为，可可·香奈儿观点独到："我之所以会走上时尚珠宝之路，是因为我觉得珠宝在一个富裕的时代里并不显得张狂，然而，在经济危机的年代，却并非如此。今天，无论在哪个领域，我们对可靠的、真实价值的需求都本能地惊醒了……如果我选择了钻石，那是因为它代表了所有形式中最高的价值。我集中对所有美好事物的热爱，力图把精致的品质、优雅和时尚融为一体。"

在观看完展览之后，有人发出了这样的感慨："珠宝的设计包罗了三个主题的变化：蝴蝶结、星星和羽毛。别具匠心的做工，令每款设计看上去都是那么优雅和与众不同，无论是项链、胸针，还是发饰、头冠，都几乎看不到镶嵌和连接的痕迹……每件珠宝都是一个创新：一款项链可以分开成为胸针和手镯佩戴，一条短项链也可以变成一顶头冠，一件坠饰可以扣在衣服上当作别针……这是第一次全套首饰自由拆分搭配的展示。"

　　执着大胆的可可·香奈儿总是能将事情做到极致，完美的珠宝结合让可可·香奈儿获得了巨大的成功。

　　展览结束后，可可·香奈儿接受了保罗·弗莱蒙特的采访，这一段话代表着香奈儿的心声："显而易见，闪烁于秀发间的钻石繁星、裸露在香肩上的彗星及银河、耀眼的新月和太阳，这些都是我邀请巴黎最好的手工匠为我制作的，他们因为我得以复工。我的星星，所有这一切简直太浪漫了。难道还有什么比永恒的时尚感更浪漫的吗？"

　　没有了，真的没有了，没有比时尚的永恒存在更浪漫的事情了。

　　除却新月、太阳、星星，香奈儿钻石饰品的款式越来越多样，也越来越精致。

　　1932 年 11 月的某一个晚上，可可·香奈儿女士推出了独一无二的"Bijoux de Diamants"钻石珠宝系列饰品。"Bijoux de Diamants"钻石珠宝系列由多个隽永主题一起构成，包括羽毛、蝴蝶结、太阳等。在"Ultra"系列珠宝首饰中，可可·香奈儿加入了她黑与白的偏爱，强烈的对比，黑白分明，加之精密的陶瓷镶入，让美丽无懈可击。

　　对于那些走在流行前沿的时尚人士来说，香奈儿 1932 系列 18K 白金耳钉无疑是她们最钟爱的珠宝单品。

　　一对适宜的耳钉会让女人的脸庞更加精致，也会让女人更显优雅气质。虽然它的体积小，但是耳钉却能够与发型、脸型、衣着融为一体，起到修饰的作用。要想让耳钉为自己锦上添花，需要的是一对具有能够彰显自己独特气质和魅力的款式与设计的耳钉。在香奈儿 1932 系列 18K 白金耳钉中，可可·香奈儿采用了俏皮灵动的花朵造型，白金镶嵌了黑钻和白钻，让一对尊贵闪耀的花朵状耳钉在耳间绽放属于自己的灵动之美。

　　如今，香奈儿高级珠宝从这些充满象征意味的图案中汲取灵感，大胆演绎，不断创新。

　　从服装设计师到香水，再到铂金和钻石珠宝设计师，可可·香奈儿在这条时尚的道路上越走越远，越走越宽。在这条被钻石闪耀着的珠宝路上，始终有个叫作保罗·艾里布的男人陪伴着可可·香奈儿。

他是可可·香奈儿的情人，也是工作上的搭档。

他是位插画家，戴着眼镜，穿着一件宽领衬衣，脖子上系着松垮垮的水手领结。他说话的语气很温柔，说话的语速也很慢。这就是人们对艾里布的第一印象。

这样一个男人是何时何故进入到可可·香奈儿的世界里的，没有人说得清。可可·香奈儿对于艾里布的感觉也说不清："他是我见过最复杂难懂的男人。"对于香奈儿的生活，艾里布也会发表自己不满意的看法："我不懂你为什么需要那么多的房间，那么多的摆设？你现在的生活会毁了你，你真的太浪费了！你需要那么多仆人吗？你这里吃的也太好了！如果我知道你喜欢简约的生活，那我会来得更殷勤，搬得离你更近一些。我厌恶毫无意义的举动、铺张浪费和心机复杂的人……"

这是让可可·香奈儿想不明白的地方，亚瑟曾经说过自己太过单纯，太过天真，而现在，这个男人又说自己不够单纯。当可可·香奈儿搬离了豪宅，选择租一个两居室房子的时候，艾里布又表现出了暴怒和嫉妒。这样的男人实在是让人捉摸不透。

也许，归根结底，可可·香奈儿与艾里布只不过是不合适而已，所以才会让两人之间的相处变得坎坷不断。对于自己与艾里布的关系与感情，可可·香奈儿自己也觉得与这个男人不是那么投缘："我和他的关系只是一时被激情冲昏了头脑……我厌恶激情，真的很厌恶，激情就是一场热病。这个热情高涨的男人无视他人的存在，他把其他人都当作没有生命的工具。天气、幸福、邻里关系，这些世俗的东西根本入不了他的眼……当我想到他在我身边营造热情氛围，我就忍不住焦躁，他让我筋疲力尽……"

　　在爱情方面，或许艾里布不是真正适合可可·香奈儿的男人，但在钻石的世界里，可可·香奈儿却是真的喜欢与这些亮晶晶的石头相处。璀璨流光里，闪耀的钻石让可可·香奈儿多了一份晶莹与高贵。

「 足尖诱惑 」

好鞋带你环游世界

相信所有的女孩，都曾经在小时候偷偷穿过妈妈的高跟鞋，尽管妈妈的鞋子并不合脚，可是稚嫩的小女孩依旧模仿着大人，做出妩媚妖娆的动作与表情。那时候的痴迷让女孩心中那关于高跟鞋的梦，开始悄悄生根发芽。

高跟鞋，代表女人的成熟。从女孩到女人，一双合适的高跟鞋意味着成长的蜕变。如果说世界上什么东西最能代表女人，那么回答一定是——高跟鞋。

对高跟鞋，女人总是爱不释手，甚至可以说到了痴迷的地步。到底为何喜爱？有人喜欢它的款式，有人觉得高跟鞋可以弥补自己身高上的缺陷，有人觉得高跟鞋可以让身姿更挺拔。归根结底，女人们喜爱高跟鞋的理由不过是它可以让自己变得更加具有女人味。

的确，高跟鞋是女人的象征，它可以轻而易举地提升女人的优越感。它可以让一个女人从平庸的人群中脱颖而出。当穿上高跟鞋的那一刻，属于女人的所有的自信、魅力，所有的性感、妩媚都会被激发出来。每一步的迈出，都顾盼生姿；每一个脚尖的落地，都多情妩媚。双腿交叠，侧腿而坐，一切的风华绝代都在那双鞋子上尽情地演绎着。那种走路时清脆的声响，是鞋跟与地面一同演奏的浪漫乐曲，而那二三寸的高度，缩短了女人与天堂的距离。

细细的高跟鞋鞋跟，支撑着女人想要美丽的心。方跟、细跟、方头、鱼嘴……各种各样的款式让女人们在任何场合都可以随意搭配。无论是礼服还是正装，无论是工作还是休闲，总有一双鞋子可以完美无缺地配合自己。

对于女鞋，可可·香奈儿始终认为女人需要一双双色鞋子，因为"鞋子是优雅最点睛的一笔，一双好鞋可以衬出女性优雅的气质"。

一双双色鞋子，足以展现女人的无限魅力。

当黑色撞上米色，所有的一切都证明了可可·香奈儿独到的审美观。黑色与米色交错的鞋身，以及鞋子侧面的镂空设计，这两个超脱世俗的创新设计让可可·香奈儿的双色鞋成为了伟大的作品。

多年来，Massaro 鞋履坊一直与可可·香奈儿保持着友好的合作关系。对于可可·香奈儿设计出来的双色鞋，Massaro 鞋履坊的负责人这样说道："略带方头的黑色鞋尖设计，可以让女人足部看起来更为纤细，而米色的鞋身则可以拉长腿部的线条。双色鞋的设计简洁，细致的侧面系带更添韵味。我们没有考虑略显过时的扣环，而是在内侧鞋带加上松紧带设计，不但更服帖脚型，也能顺应动作和承受压力。"

是的，这双香奈儿双色鞋有着别样的韵味，鞋跟处镂空的细带设计可以让脚部呈现出不对称的轮廓，这样的创新不仅仅是为了寻求美观与特例，重要的是能够让穿着此款鞋子的人可以舒适地走动。如同可可·香奈儿以往的设计，这款鞋依旧承载了她讲究自主而舒适的主张。

当 Massaro 鞋履坊制作出了第一双可可·香奈儿双色鞋时，便引起了不小的轰动。

斜纹软呢、Jersey 针织面料、女包上的背带、女士长裤……无论是香奈儿的服饰还是配饰，每一件作品的问世都与男装有着不能分割的联系，这双黑色和白色相间的双色鞋的设计灵感也来源于男鞋。

20 世纪二三十年代，那些经常打网球或者是高尔夫的男人开始喜欢上黑色的鞋子。因为这些运动大多是在草地上进行，而黑色的鞋可以很好地隐藏脏迹。在一次航海中，船上服务员穿的黑色皮革头的帆布鞋更是给可可·香奈儿留下了深刻的印象，于是，灵感爆发，可可·香奈儿有了制作双色鞋的想法。她需要设计一款女鞋，穿着舒适，容易搭配，又不怕脏。她需要一双鞋，让女人走好自己的人生路。

可可·香奈儿曾经说过："只要四双鞋，我就能环游世界。"自信如她，而她也能够将这种自信变为现实，不是简单说说而已的自信。将黑色和米色的双色鞋作为延伸的基本款，可可·香奈儿设计出了另外的三双双色鞋：米色与深蓝色的双色鞋，可以在夏季的白天穿，给人凉爽的轻松；米色与深咖啡的双色鞋，可以在运动休闲时穿，给人稳重而又自由；米色与金色的双色鞋，可以在晚会的时候搭配，不失高贵与典雅。再加上米色与黑色相结合的正式与传统，这四双鞋开创了女鞋时尚的革新浪潮。

可可·香奈儿的双色鞋，与她的小黑裙和菱格纹包一样，一经问世，便受到了好评。时间流逝，岁月让香奈儿的双色鞋同样成为了经典的演绎。

想要时尚，就需要与时俱进，而不是停滞不前。香奈儿的双色鞋也随着时代的变迁而不断变化。在可可·香奈儿与西敏公爵一同航海回来之后，她决定要设计一双不一样的双色鞋，她要将帆布与黑色皮革结合在一起，这种黑色皮革鞋头加上帆布的鞋面被可可·香奈儿称之为帆船鞋。在1959年，双色鞋又一次华丽变身，庄重典雅的黑色鞋头被热情火辣的红色取代，传统的方头也改为了尖头，材质也改为选用黑色的丝缎结合的小羊皮。此后，为了更容易搭配衣服，更适合多种场合，可可·香奈儿在双色鞋的基础上，或是搭配小小的蝴蝶结，或是选用金银线的面料，不断地创新。

一时间，凯萨琳·丹妮芙、罗密·施耐德、珍妮·摩露、黛芬·赛丽格、珍·芳达和碧姬·芭杜等女明星都成为了香奈儿双色鞋的追随者。

俨然，可可·香奈儿的双色鞋成为了香奈儿品牌的象征之一，它与小黑裙、女包、香水一同演绎着香奈儿的精髓。

　　对于这种经典的双色鞋，现任香奈儿首席设计师卡尔·拉格菲尔德将其广泛地应用在了休闲鞋、过膝长靴、T 字带鞋、厚底凉鞋、网球鞋、芭蕾舞鞋、靴子、高跟包鞋等诸多种类中。鞋子的面料材质也有了很多种类，平织面料、透明 PVC、漆皮、丝缎、蕾丝、缀亮片等都是时尚人士最受欢迎的选择。在鞋跟的款式上，卡尔·拉格菲尔德也为其设计了浮雕 logo、镶嵌宝石的小 logo 等样式。

| 第六章 风云变幻 |

世界是多变的，美丽是永恒的

「 演艺携手 」

与好莱坞电影的一次邂逅

20 世纪 30 年代，是一个经济萧条的年代，是一个电影天才层出不穷的年代，也是一个属于美国好莱坞电影的黄金时代。

在那个真正属于电影世界的年代里，在"古典好莱坞"的影响下，越来越多的人渴望自己能够成为电影里的主人公，能够过上电影里的那种纸醉金迷的生活。或许，人们并不期望自己真的能够如愿以偿，只是想让自己在失业的绝望中，找到一丝安慰与希望而已。

倘若不是华尔街，那么这个黄金时代会更长，电影也会更加纯粹。在经济危机的阴影下，投身电影事业的人开始意识到，在这个不景气的岁月里，只有让观众们喜欢自己的电影，才能博得一线生机，唯一的途径，就是吸引来更多的明星大腕。

作为好莱坞著名电影公司的米高梅也有着自己的决策，他的合伙人之一——高德温就认为，想要在经济危机下起死回生，除却明星之外，明星所穿着的衣服也是重要的一点。如果那些好莱坞明星能够身穿著名设计师设计的服饰，必定会成为画龙点睛的一笔，于是，他将目光投向了可可·香奈儿。

那个时候的可可·香奈儿无人不知，无人不晓。她的衣服受人欢迎，著名的"香奈儿 No.5"香水更是畅销于全球。每一期的杂志都会有关于可可·香奈儿大篇幅的报道。即便是身在美国，你也会在《Vogue》杂志上看到关于这个女设计师和她的一切。

高德温不远千里，从美国来到法国，想要说服可可·香奈儿为自己电影公司的演员们设计衣服，他希望这个女人可以帮助自己在电影事业上更胜一筹。

对于高德温的邀请，可可·香奈儿心中犹豫不决。自己为演员设计服装并不是第一次。在 1922 年，可可·香奈儿就曾经为在拉特里耶剧院上演古希腊剧《安提戈涅》的演员们设计过衣服。那是可可·香奈儿第一次设计戏服，出乎意料的是，她设计的古希腊长袍受到了广泛好评。有人更是称赞可可·香奈儿的长袍"仿佛是几千年前希腊服饰的再现"。

而后，可可·香奈儿又一次有机会为演员设计服装。这一次，可可·香奈儿将短款运动装、网球裙、泳衣以及亚瑟·卡佩尔打马球时穿的英式灯笼裤搬到了《蓝色列车》的舞台上，她大胆的尝试为《蓝色列车》赢得了成功。

但是这一次不同，她是为好莱坞的女星设计戏服。她不知道美国与法国的审美有什么区别，不知道自己设计的衣服会不会受到美国人的喜欢，也不知道这一次动用积蓄来到好莱坞，是否会对自己打下的基础造成不好的影响。

可可·香奈儿在为这一次的合作担忧着，同样，那些娱乐记者也为她在好莱坞的未来担忧着："可可·香奈儿的这次选择，会是她这一生中最艰难的工作。这位扬名世界的时尚女暴君以往面对的都是女伯爵、女公爵，甚至女王，她告诉她们该穿什么。现在她却要试着对银幕上的女王做同样的事。她应该知道，有声电影已经发明了……好莱坞的众女王将会给她正确答案。"

然而一番犹豫过后，可可·香奈儿还是答应了高德温的邀请。于是，一位时尚女设计师与美国好莱坞有了一段不解之缘。

1931 年的春天，万物复苏，预示着生命的勃勃生机，可可·香奈儿也在米希亚的陪同下，开始了自己在好莱坞的新起点。

但是，新事业的开始并不是那样轻松。在面对众多好莱坞明星之前，可可·香奈儿需要面对的是蜂拥而至的记者，各种各样的提问让可可·香奈儿应接不暇。大家最关心的还是她在好莱坞的工作安排："这只是一个邀请，电影是什么样的，我能给电影提供什么样的服装，这些我都需要确认一下。我不会立刻设计服装，我还没买剪子呢。不久我会回到巴黎，我会提前给高德温先生的女演员设计礼服。我会把图纸从巴黎寄过来，我的装配工会在好莱坞把衣服做好。"显然，可可·香奈儿的回答没有什么爆炸性的新闻热点，这样的回答在娱乐和时尚界并不会吸引人们的关注。她也开始慢慢头疼这些提问了，因为她直接果断，简单明了的回答似乎让这场记者提问变得很无聊。

好在，可可·香奈儿很快就进入到了工作状态。

好莱坞的导演们带着可可·香奈儿参观工作室，给她讲解电影的制作过程，告诉她什么样的场合镜头下需要什么样的服装。在与提供服装的工厂进行了一番沟通之后，可可·香奈儿才意识到为电影演员设计戏服并不是一件容易的事情，因为一部电影的制作周期是两年，这也就意味着可可·香奈儿设计的戏服要在两年之后电影上映时依旧流行。

当克拉拉·鲍、葛丽泰·嘉宝、丽莲·吉许穿上可可·香奈儿设计的衣服之后，那些怀疑她实力与能力的人们才不得不承认，这个来自法国的女设计师拥有如此高的名望不是依靠人们口口相传得来的，而是其实力所在。

然而，一件衣服在人们眼前的呈现和在电影屏幕上的呈现是两种完完全全不同的感觉，此时的可可·香奈儿并没有意识到这一点。

可可·香奈儿设计戏服的第一部电影是《就在今夜》(Tonight or never)。担任女主角的是好莱坞女星格洛丽亚·斯旺森。可可·香奈儿为格洛丽亚设计衣服依旧保持着一贯的简约风格。但是当电影上映后不久，可可·香奈儿的担忧成为了现实，那些简单的针织套装与晚装在电影的宽大银幕上像是白开水一样索然无味，苍白得很，而一样苍白的还有电影那可怜的票房。显然，可可·香奈儿的简约之风在电影世界里并不卖座，远远不及那些颜色绚丽、造型夸张的衣服。

这一次，在时尚世界里叱咤风云的可可·香奈儿尝到了挫败的滋味。之后，可可·香奈儿又接了几部电影，但是效果不理想，都以惨淡的票房收场。

虽然可可·香奈儿并不能够让电影因为自己的服装而大放异彩，但是在纯粹的时装界里，可可·香奈儿总是有着一种神奇的魔力，仿佛能预知未来似的。她曾预言，复制衣服是一种必然的趋势，那些能够在上流社会场合穿着的衣服，仅仅在沙龙舞会上出现，那么便毫无意义。只有大街小巷都有人穿着才会成为时尚，她也并不介意自己设计的衣服被人复制。

可可·香奈儿设计的衣服大多简单朴素，将衣服的码数减小，将昂贵的材料换成新兴的合成材料，简简单单就可以复制。而此时，一些专门复制衣服的店面也已经出现。在观看完时装秀之后，便可以得到一份并不专业的设计图纸，依靠图纸，这些专门复制衣服的店便可以复制衣服，而且价格相对低廉。

越来越多仿制香奈儿的衣服开始出现在大街小巷，而好莱坞的那些女星也开始抵制可可·香奈儿了，理由就是她们不想所有的电影明星都穿着可可·香奈儿的衣服，她们不想让巴黎毁了好莱坞，因为在她们心中，好莱坞比法国巴黎要重要得太多太多。

对于好莱坞女星拒绝穿可可·香奈儿设计的衣服这件事，美国《纽约客》还发表过一番评论：《莫负青春》这部电影让格洛丽亚有机会穿上了很多昂贵的衣服，这都是可可·香奈儿的功劳。香奈儿最近对好莱坞进行公开访问，但是我知道她又生气地离开了好莱坞这个光芒四射的地方，好莱坞说她设计的衣服不够轰动，她设计的衣服让一个女人看起来像一个女人，但是好莱坞却想让一个女人看起来像两个女人……"

一番幽默诙谐的言论让大众知道了可可·香奈儿离开好莱坞的原因。其实，在可可·香奈儿来好莱坞不久之后，她便开始厌倦了这里的一切。可可·香奈儿对于好莱坞有着这样一段话："那里的人天真幼稚。米希亚没多久就受不了了，我则是嘲笑一切。有一次，一个名演员特地为我们开了一个鸡尾酒会。他为了表达对我们的敬意而把庭院中的树木全部漆成蓝色。我的天，真是既友善又愚蠢！"

　　似乎，这一次的好莱坞之旅并没有给可可·香奈儿带来愉快的回忆。但是对高德温而言，他与可可·香奈儿依旧是很要好的朋友与合作伙伴。虽然这次好莱坞的结局并不圆满，但是互相合作的两个人还是达到了双赢的目的。高德温的一部分电影，还是因为由可可·香奈儿设计衣服而大受好评，可可·香奈儿也借此机会在美国打开了自己的市场。

　　在经济萧条的年代，对于商人来讲，双赢就是最好的结果。但是华尔街的崩盘，还是给了所有国家和商人们重重的一击，直中要害。

　　可可·香奈儿也受到了不小的影响。她不得不将自己所有衣服的价格缩减至一半，减少了对昂贵布料的使用。灵机一动，可可·香奈儿决定舍弃那些昂贵的面料，改用棉布料制作晚礼服。在此之前，没有一人用棉布面料制作礼服，哪怕只是尝试一下。这个来自法国巴黎的女设计师，成了吃螃蟹的第一人。

　　那第一个吃螃蟹的人不知道是何原因，决定去品尝那个带有硬壳的生物，但他却为人们寻找到了一种美食，我们不得不佩服他的大胆勇敢。可可·香奈儿靠着这种大胆，也为人们寻找到了一种别样的美丽。1931 年的春季系列服装展中，那些细麻、棉质单珠与薄棉纱布制作而成的晚礼服，成为了全场的焦点，也成为了时尚的新宠。

　　1935 年，时间又来到了一年的盛夏。这一年，可可·香奈儿收到了艾里布离世的消息。与艾里布在一起的日子对于可可·香奈儿来说，有着重要的意义。正因为这样，这个坚强的女人才会在艾里布离世之后，过着一段迷茫的时日。

　　此时的可可·香奈儿已经 52 岁了，年过半百的她越来越觉得生命的脆弱，她开始意识到生命和精力是有限的，她不可能永远都年轻，总有一天，自己也会和艾里布一样，抛开一切的烦恼与忧愁，放下所有手中未完成的事情，到那个故事里的天堂。

趁活着，就要做自己想做的事情，趁活着，就要将自己的时尚世界做到最后一刻。

又一位情人永远离去，可可·香奈儿又一次面临伤心。从25岁遇见初恋情人巴勒松，到52岁送别艾里布，可可·香奈儿的身边从来不缺爱情的滋润。她渴望爱情，但却从不会因为爱情而放弃自己的自由与事业。

于是，可可·香奈儿放弃了安逸与稳定，因为她知道自己想要的还有很多，她想要在剩下的生命里完完全全投身于时尚事业和自己的公司，她想要让法国，甚至是全世界都成为自己时尚帝国的一部分，她要让每个人都知道可可·香奈儿的名字，让整个时尚界都为她疯狂。

可能是因为爱情的失意让可可·香奈儿感到忧伤，可能是因为事业的繁忙与压力让她需要找到一条放松的路径，总之，不知道从何时起，可可·香奈儿学会了吸烟。瘦弱的女人，一双修长的玉手，食指与中指之间夹着一根香烟，这是可可·香奈儿的随性不羁的姿态，她从不在意别人的眼光，即便自己是一个吸烟的女人。所以翻看关于这个女人的照片或是电影，你都会发现，她时常与香烟为伴。

伴着袅袅的香烟，可可·香奈儿忘却了艾里布离去的悲痛，全身心地投入到了工作之中，好像每一次伤心，只有投入工作才能忘却现实带给人的残酷。

慢慢地，悲痛与哀伤得到缓解，可可·香奈儿也在工作中找到了存在的意义。这个执着坚强的女人，一旦工作起来，便会一丝不苟，要求完美，她说："当你开始工作，就必须继续下去，如果你不用心去做，你将一事无成。"

这是一场战斗，可可·香奈儿将自己的生活看作是一场持久的战斗，在这场战斗中，只有自己依靠自己，全神贯注，才能够忘记一切。忘记孤单，忘记悲痛，忘记寂寞。

「 棋逢对手 」

时尚女王与新秀的时装大对决

　　与好莱坞的合作不算好也不算坏，可可·香奈儿的公司开始遭遇了事业上的挫败，经济萧条带给她事业的影响也不曾减小。种种情境都告诉可可·香奈儿，未来的路艰难不易。然而眼下，一场时装界里的大战正在向可可·香奈儿逼近，而她不得不应战。

　　可以说，自从走上时尚设计这条道路，可可·香奈儿未曾遇到过对手，直到那个叫作艾尔莎·夏帕瑞丽的女人出现。

　　艾尔莎·夏帕瑞丽是来自意大利罗马一个贵族家庭的女人。家境富裕的她从小就受到了文化艺术的熏陶。1917 年，艾尔莎·夏帕瑞丽在一次英国伦敦的宗教会议上，遇见了一位伯爵。18 岁的她情窦初开，被这个男子深深吸引。就这样，花季女孩艾尔莎·夏帕瑞丽嫁给了这个她心爱的男子。新婚之后不久，艾尔莎·夏帕瑞丽便和丈夫一起移居到了美国，然而这段婚姻却仅仅维持了不到三年，在他们的第二个女儿出生后不久，艾尔莎·夏帕瑞丽的丈夫便抛弃了她们母女三人，而且没有留下任何财产。无奈，艾尔莎·夏帕瑞丽只好带着女儿们回到了纽约。

　　命运总是习惯在困苦中增添哀伤。这一年，艾尔莎·夏帕瑞丽的小女儿不幸患病，由于女儿的病情极不稳定，艾尔莎·夏帕瑞丽只好将她送至私人医院。此时的她，穷困潦倒，再加上女儿的医药费，让生活捉襟见肘，入不敷出。也是在这一年，艾尔莎·夏帕瑞丽开始了命运的转折。白天，艾尔莎·夏帕瑞丽为古董商工作，到了晚上，她会来到巴黎的时尚餐厅。这个新开业的餐厅，自营业开始，便吸引了诸多的高雅人群，那些文人雅士经常会在这里聚餐。这一点对于艾尔莎·夏帕瑞丽走入时尚世界来说至关重要。

与可可·香奈儿一样，艾尔莎·夏帕瑞丽也经历过离别，经历过艰苦。她们都是有故事的女人。往往有故事的女人都会成为不俗的一类。

1927 年，艾尔莎·夏帕瑞丽初次步入了时装界。最开始，她只为个别的几个朋友设计衣服而已。夏帕瑞丽设计的衣服别致而又新颖，她会将一件针织套衫设计成为黑白两种颜色，强烈的颜色对比加上胸前儿童涂鸦式的蝴蝶图案，让艾尔莎·夏帕瑞丽一举成名，并被《时尚》杂志评为"本年度的毛线衫"。于是，在时装界初出茅庐的艾尔莎·夏帕瑞丽开始了自己的时尚事业。她先是在一间阁楼上开起了服装店，随着自己的设计受到越来越多人的欢迎，艾尔莎·夏帕瑞丽开始扩大自己的店面。

1929 年，艾尔莎·夏帕瑞丽开设了运动服装店；1934 年，在凡都姆宫，艾尔莎·夏帕瑞丽开设了高级时装店。也是在这一年，艾尔莎·夏帕瑞丽又在伦敦的格罗夫纳街 36 号开设了豪华服装店。她是第一个将拉链用在时装上的设计师，也是第一个将化纤织物带入高级时装界的设计师，她与可可·香奈儿一样，有着太多大胆的设计和奇妙的想法，她们都是敢于创新、敢于开拓的设计师，她们也都愿意自己设计的衣服被复制，成为大街小巷的流行，她们注定是属于时装界的女人。

在艾尔莎·夏帕瑞丽出现之前，时装界就只有可可·香奈儿独霸一方，而她的出现，也将必然爆发一场时装大战。可可·香奈儿与艾尔莎·夏帕瑞丽的战争，就此打响。

艾尔莎·夏帕瑞丽在颜色上的创造力和创新力，还要归功于她青年时期的旅行。每一次的远足都会让艾尔莎·夏帕瑞丽开拓了自己的视野，增长了见识。当艾尔莎·夏帕瑞丽走上设计时装的道路后，曾经的那些北非土族人的色彩、美洲暴发户的狂放都成了她设计的灵感。艾尔莎·夏帕瑞丽认为时尚就是新奇，而新奇就需要强烈的色彩才能完全体现，所以艾尔莎·夏帕瑞丽是如此的喜欢艳丽颜色，罂粟红、紫罗兰、猩红，都是她喜欢的颜色，她尤其钟爱粉红色，她觉得粉红色"明亮、不可思议、大胆、合适、纯洁，不仅富有生命力而且最具有原生态的特性。"

独具匠心的艾尔莎·夏帕瑞丽会将巴尔干人服装上的大贴袋用在夹克衫上，会将东方的原始味印花布用来设计衣服，会将西服的翻领形状设计成少见的茶匙形和三角形，会将香水的瓶子设计成类似人体构造的形状，会将女式包装饰一个可以发出闪烁磷光的装饰物，会将帽子设计成鞋子的形状，会将平日里佩戴的围巾设计成蜻蜓的形状……艾尔莎·夏帕瑞丽的想法总是让人摸不着头脑，人们总是惊奇为何她的脑子里会有这么多看似猎奇，但是却不失优雅的怪想法。

在 20 世纪 30 年代后期，艾尔莎·夏帕瑞丽将肩部作为了时装设计的重点，她开始着重注意女性肩部的"平"和"挺"，在加宽垫肩的同时收小了臀部，这成为了艾尔莎·夏帕瑞丽又一设计。对于这种夸张的男性化的女性服饰，有杂志评价艾尔莎·夏帕瑞丽是"最具想象力的创造"，而这种衣服也成为了时尚的领导者。

艾尔莎·夏帕瑞丽在用料方面，与可可·香奈儿一样，都十分严格谨慎。她喜欢超现实主义画家们的画，喜欢非洲人独特的图腾，艾尔莎·夏帕瑞丽会将自己喜欢的这些抽象派的图案印在花布上，甚至是骷髅、骨骼这样看似恐怖的图案，也会出现在她的时装设计上。这其中，超现实主义画家达里曾经为艾尔莎·夏帕瑞丽设计了很多的印花图案，这也使得艾尔莎·夏帕瑞丽设计的时装更像是一件艺术品。

在"二战"时期，艾尔莎·夏帕瑞丽的战时系列让人充分感觉到她的超现实色彩："有一袭晚礼服被伪装成日常穿着，而夜晚，当一个女人走出地铁要去出席一个正式场合的晚宴的时候，她只要拉开丝带，这件日常穿着的连衣裙就会瞬间变身为一袭晚礼服。颜色也丰富多彩，有马其诺防线蓝、外籍兵团红、飞机灰，还有羊毛连身衣，可以让人们方便地在床边的椅子上，在突然空袭的夜晚迅速套上，逃到地下室去。还有一件白色的，据说可以抵抗毒气。"

从一位单亲妈妈到一位女设计师，艾尔莎·夏帕瑞丽之所以能够在时装界崭露头角，成为备受瞩目的新星，还是源自于她所设计的衣服更注重舒适性。艾尔莎·夏帕瑞丽认为，人的形体就像是建筑物的框架，不论线条、细节多么有趣，都必须同人体这个"框架"有机地结合起来。所以在服装设计上，人体是必须要注意的一点。只有得体、合适，才会产生活力。当人体与花纹发生冲突必须要舍弃一方的时候，艾尔莎·夏帕瑞丽会毫不犹豫地放弃后者。

对于服装造型的理解，艾尔莎·夏帕瑞丽像是一位雕塑家或者是建筑学家，对于色彩的理解，艾尔莎·夏帕瑞丽却又像是一位现代画家。

这样的女人对于可可·香奈儿来说，实在是一位实力相当的竞争对手，让她不容小觑。一直称霸时装界的可可·香奈儿与新兴起的艾尔莎·夏帕瑞丽之间，悄无声息地蒙上了一层敌意与冷漠的阴影。对于这个女人，可可·香奈儿从来不直呼其名字，而是叫她"那个意大利女人"，或者说那个"会做衣裳的画家"。

在可可·香奈儿看来，艾尔莎·夏帕瑞丽超现实主义并不能主导潮流，那只是一种错觉。在今天的我们看来，显然可可·香奈儿对于时尚的理解更为深刻。

面对强大的劲敌，可可·香奈儿始终保持着低调的防守状态，这与艾尔莎·夏帕瑞丽的高调截然相反，如同香奈儿的衣服一样低调简洁。

这一时期的可可·香奈儿开始在脖子上做文章，偶尔也会使用垫肩，来让女性的腰部在视觉上变得纤细。在这一时期，长及脚踝的晚礼服又流行了起来。

可可·香奈儿觉得，一件衣服的制作需要找到重点。拖地的长裙需要低垂的领子，覆颈包胸的衣服需要露出双腿。正所谓"如果你想掩盖住某个性感部位，就得暴露出另一个部位”。

　　显露优点、掩盖缺点是制衣和穿衣的重点。如果一个人身材娇小，那么衣服的腰线就要提高，这样看上去才会拉长身高，变得高挑；如果一个人臀部下垂，那么衣服的背部腰线就需要放低，这样下垂的臀部就会被遮盖。

　　依靠这一理念，可可·香奈儿大胆地将传统的拖地长裙剪短，露出脚踝，而白色与奶油色的使用，也使得这样的裙子变得纯白朴素。

　　无论设计出怎样的时装，可可·香奈儿始终坚持着“衣服要能够随着身体而活动”这一设计理念。每个人的身材都是不同的，但是如果剪裁合适，那么每个人都会穿，而且无论是运动还是静止，都会感到合身。

　　作为可可·香奈儿的标志性代表，那条黑色并且带有白色衣领和袖口的裙子成为了香奈儿的标签，她还是如此喜欢黑色与白色。在可可·香奈儿的很多设计里，都使用了这些颜色。粗花呢做成的白衬衫、黑白相间的针织衫都是在这一时期问世的。

　　一场无声的战斗打响了，两个热衷于时装设计的女人开始了各自的征战。有些时候，命运就是这么乖张，让这两个独具才情的女子相遇，非要交集在时尚风雨中。她们各自坚持着自己的设计理念，各自经营着自己的时尚沙龙。正所谓不是冤家不聚头，艾尔莎·夏帕瑞丽和可可·香奈儿的店仅仅隔着一家酒吧，这家叫作“雷茨”的酒吧，也成为了这两个女人经常光临的地方。为了避免见面，也为了不让自己尴尬，可可·香奈儿经常是从酒吧的后门进来，而艾尔莎·夏帕瑞丽则从另一侧进来，高傲的她也因此嘲弄地说道：“可怜的香奈儿，我走正门，她却只能走后门！”

　　过往已经成为回忆，人们的眼光需要看向新的潮流。此时的人们，对于黑色已经没有了最初的狂热喧嚣，华丽又重新成为时尚的焦点。这个突然出现的艾尔莎·夏帕瑞丽夺走了可可·香奈儿不少的顾客。

　　似乎，在这一场时装的战斗里，可可·香奈儿处于劣势，就连著名的《时代》杂志也做出过这样的评判。他们将艾尔莎·夏帕瑞丽的照片作为杂志的封面，并写道："艾尔莎·夏帕瑞丽在服装沙龙里拥有最高的权力，已经成为超现实高档服装的决裁者……她比同时代的设计者更加疯狂，更具有独创性，她现在就是'天才'的代名词……"

　　时间是最好的证明。那些夸张猎奇的时装，也只能如昙花一现，不能成为主流；相反，低调而又富有内涵、高贵而又不炫耀的时装才会成为经典。这是一场战斗，一场持久战，只有经过时间的考验，才能分出胜负。

　　1940 年，随着第二次世界大战的爆发，时尚之都法国因为遭到了重创而沦陷。艾尔莎·夏帕瑞丽在此时移居到了美国，一直到法国光复以后，艾尔莎·夏帕瑞丽才重回法国巴黎继续她的时装事业，然而多年的退出，让艾尔莎·夏帕瑞丽的创造力再也回不到当初的巅峰时刻，曾经显赫一时的时装生涯也就此了结，曾经的辉煌只能留给历史。

　　棋逢对手，可可·香奈儿再一次证明了自己的实力。虽然她可以迎接对手的挑战，但却阻挡不了时代更迭的脚步，对于未来，可可·香奈儿感到了担忧。

「　毅然淡出　」

活着，已经是最好的了

可可·香奈儿为时尚而生，为工作而活。她将自己所从事的时尚事业看作是自己的生命，是自己的全部。对于时装，对于工作，可可·香奈儿似乎有着取之不尽、用之不竭的精力和热情。那个小小的瘦削身躯充满了无穷无尽的力量，它们需要被应用。

1939 年，法国巴黎的时装秀依旧如期进行。这一年时装秀的主题被定为"逃避主义"。宽阔的 T 台上，身材窈窕的模特在高傲地展示着自己的服饰。对于这一次的时装秀，有杂志评论："巴黎很俗气，并且精于世故；在巴黎，女人只有到了 35 岁才有可能被称为美丽——但是现在的巴黎突然变得单纯、古怪、温和，而且有点女孩子气。"

随着这一季时装秀的开启，可可·香奈儿也加入到了逃避主义的浪潮中。所谓的逃避主义风格，就是华丽而浪漫的格调。时局的动荡不安让人们开始怀念曾经的荣华富贵，于是，一阵怀旧风开始刮起。作为上流社会的可可·香奈儿也会经常接受别人的邀请，去参加各种华丽的舞会以及奢华的派对。

虽然可可·香奈儿本人也开始出入舞会和聚餐，但是香奈儿的衣服依旧保持着简单和朴素的风格。是的，简单朴素是可可·香奈儿一贯独有的风格。这一时期的香奈儿女款日装依旧保持着这种风格，但是晚装却有了天差地别的改变：女衬衫的袖口被镶上了边，夹克衫可以不用系上，而是随意地敞穿，香奈儿标志性的山茶花也被装饰在了衣服的肩部，颜色也不再是以黑白为主，可可·香奈儿为自己的衣服加入了蓝色与红色。这是典型的乡村风格，意味着可可·香奈儿的晚装系列不再拘谨固定，而是加入了更多的新鲜元素。

她的勇敢创新可以让她将自己喜欢的色彩与图案加入到时装的设计中，她坚信可以主宰自己的时尚王国，但是可可·香奈儿却不能够与时代的大潮相对抗。

1936 年的 4 月，新一轮的投票选举让巴黎开始变得不安分，大部分的人将自己的选票投给了左翼联盟。作为左翼联盟的社会主义领袖，莱昂·布鲁姆是一个犹太人，因此人们也开始担忧自己的国家会被犹太人带领成为社会主义国家。于是，带着这种担忧，法国的底层工人们开始担心自己的未来，担心自己作为劳动人民的权利将不会被政府和国家兑现。事情愈演愈烈，工人们开始了罢工游行，想要以这样的抗议方式来争取自己的权利。

可可·香奈儿却信心满满，她坚信自己的时尚王国不会动摇。但是很快，现实给了可可·香奈儿沉重的一击。

5 月的某一天，可可·香奈儿同平时一样来到自己在康朋街的店面前。然而没等进入到店内，可可·香奈儿就发现自己店面的橱窗上被贴上了"不准进入"四个大字。她曾经的自信被击败，她的员工开始抗议她这位老板，并不想让她继续工作。从未遇到过这样事情的可可·香奈儿顿时勃然大怒，她气冲冲地走进店里，要求与员工代表谈话，然而她得到的回答却是："员工代表不打算见您。"这一句回答，让可可·香奈儿心底气愤的火焰彻底地爆发了，气急了的可可·香奈儿觉得自己被无视了：明明是自己的店，为什么自己不能进入？明明自己是老板，为什么员工代表不能见？

就这样，员工们与可可·香奈儿僵持了一天。他们这样做的目的，不过是想让作为老板的可可·香奈儿答应他们"反对目前的工作合约""争取给薪年假""每周 40 工时""扩大工会权利"等等诸多的条件。

这些员工想要用自己的方式争取利益，但是他们忽略了一点，可可·香奈儿之所以能够做到如今的地位，她是有能力的，也是有智慧的。这个狮子座的女人充满了勇敢与倔强。这些员工并不知道，他们这样简单粗暴的抗议方式对于可可·香奈儿来说，并不能奏效。

执着的可可·香奈儿不会妥协，她是果断的女人，这一次，她也用自己的果断给了员工们一个回应：马上开除三百名抗议的员工。

轰轰烈烈的罢工就这样被可可·香奈儿压了下来。对于那次惊心动魄的突发事件，可可·香奈儿有着这样一段回忆："现在我明白了，原来是爱慕者的失望才引起这场抗议的——心灵的绝食抗议……事情已经很清楚了，为了安抚她们失落的心情，我告诉她们，我很乐意为她们做一件事情，我愿意提供一幢房子作为她们的度假中心。于是我就在乡村建造了一座员工度假中心。这是个实验，花了我 100 万法郎，可是我并不心疼，之后我又陆续建造了平层小别墅……那一年我造福了 400 名员工，我让她们有了一个舒适的度假地。我还负责她们的旅行费用，为她们支付二等舱的车票。另外，我把原先规定的 14 天带薪假期改成了一个月。"

"二战"在即，数百万的人应召入伍。1939 年 9 月 2 日，以欧洲的德国、意大利等轴心国为一方，以反法西斯同盟和全世界反法西斯力量为另一方进行的第二次世界大战爆发了。

对于政治，可可·香奈儿一直没有什么清晰的认识，可以说是矛盾的。但是对于第二次世界大战，可可·香奈儿却清楚地知道，所谓的绥靖政策不过是在耽误时间而已。在第二次世界大战爆发之后的不久，可可·香奈儿就做出了自己的回应：她关闭了自己的公司，并且遣散了所有的员工，只留下康朋街 31 号，继续经营珠宝与香水。

一些人认为，可可·香奈儿的这一做法是对 1936 年员工罢工的报复，另一些人揣测，可可·香奈儿在"一战"的时候赚了太多的钱，而如今关闭公司是为了让自己的心里好过一些。也有一些人觉得，可可·香奈儿开始惧怕艾尔莎·夏帕瑞丽的存在了，为了不让自己太难堪，所以才退出的。无论怎样，可可·香奈儿已经关闭了自己的公司，这一做法，也让她的那些工人失业了。为此，巴黎工会还特意找到了可可·香奈儿，想要劝说她重新开张，就算不为了那些工人着想，也要考虑那些香奈儿的客户。然而，下定决心的可可·香奈儿依旧不为所动，因为她知道，现在的情况不是设计服装的时候。她早已为自己的未来做好了打算，她要在战争结束后转行，不再做时装行业。隐隐约约，可可·香奈儿总觉得日后不会有人再去做高级时装了。

关闭公司，退隐江湖，可可·香奈儿住进了丽兹酒店。视工作如生命的可可·香奈儿开始了半退休的生活状态。

对于这段歇业的空闲时光，可可·香奈儿在20年后如是说道："我以为我可以漂亮地结束我的事业，然后另起炉灶。但我错了，'二战'中，人们仍在做服装生意，而且同样很有市场。"

就在可可·香奈儿关闭公司的这段时间，巴黎工会再一次派人找到她，想要可可·香奈儿为那些慈善机构以及战地护士制作衣服。就像是一个随时会引爆的炸弹一样，巴黎工会人员的到来点燃了可可·香奈儿心中的怒火。一直以来，可可·香奈儿都觉得自己委屈，她觉得自己受到了屈辱，她想要找到一个发泄的点来解脱自己。于是，可可·香奈儿将心中的怒气全部发泄到了他们身上："真的是我吗？你们是在开玩笑吧？光是看到她们我就会倒胃口，还要我给她们做衣服？真是可笑。如果不是她们，当时那一大堆年轻的小伙子如今还能够活蹦乱跳的呢！"

"二战"爆发后，德国纳粹占用了可可·香奈儿所住的丽兹酒店，并与酒店签署了一份协议：只能留下26位服务人员与18位客人，其余的人必须一律搬走。幸好，可可·香奈儿在这18位客人之中，虽然还能够继续居住在丽兹酒店，但她还是被要求从豪华套房搬到了康朋街的小房间。

纳粹的侵入，让丽兹酒店也变得不再安全，朋友米希亚想要可可·香奈儿离开这里，但是这个倔强的女人依旧坚持了自己的想法："为什么我要搬到别的酒店去呢？反正巴黎的所有旅馆迟早都会被占用的。如果这样，到最后我要搬到哪里去呢？我想我还是继续住在这里吧，虽然现在的房间比较小，但是它很便宜！"

随着纳粹分子的猖狂，丽兹酒店终究不是安身之处。可可·香奈儿离开了酒店，坐着车匆匆离开了巴黎，去往了自己在波城的别墅。

在山上的别墅住了几周之后，可可·香奈儿决定不再这样躲藏下去了，她要去图卢兹投靠她的好友毕加索。

也许很少有人知道，作为设计师的可可·香奈儿，还与画家毕加索有着交集。

巴勃罗·鲁伊斯·毕加索，是西方现代派绘画的主要代表。在1919年毕加索的婚礼上，他的第一任妻子奥尔加所穿的就是香奈儿设计的衣服。白色的缎子加上薄纱，虽然不是传统的婚纱，但却也典雅高贵。而这件衣服的设计者可可·香奈儿也被毕加索邀请到了自己的婚礼上。

然而，这段婚姻却并不如香奈儿衣服那样永葆美丽。婚后，毕加索与这位俄罗斯芭蕾舞演员妻子便开始有了隔阂和矛盾。慢慢地，夫妻关系开始有了裂痕。此时，毕加索也患上了密闭空间恐惧症，他开始不想与妻子奥尔加同处一室，他要去市区找自己的朋友，他觉得继续待在这里，自己会疯掉，或彻底崩溃。

此时，可可·香奈儿成了毕加索的救星。可可·香奈儿将自己在市区的房间腾了出来，让毕加索住下。与这个画家朝夕相处，可可·香奈儿开始慢慢发觉，自己被这个男人吸引："我被一种激情俘虏了，他很邪恶。他像一只老鹰一样将我控制，让我充满了恐惧。我能感觉到他进来了：一些东西令我的身体蜷缩起来；他来了，我看不到他，但是我已经知道他在房间里了，然后我看见他了。他习惯性地看着我，我发抖了……"

　　日久生情，生的不知道是爱情，还是习惯。对于毕加索与可可·香奈儿的这种微妙感情，好友米希亚并不看好，她极力反对并且破坏他们的感情。最终，他们的感情如狂风暴雨一般，来得快，去得也快。不是因为好友的从中作梗，而是他们都太过于强势，这样的两个人注定不能产生爱情，更不能维持下去。

　　虽然与毕加索的感情就这样消失了，但是命运不忍心让这个女人在战乱里孤独一人，于是这一次，可可·香奈儿遇见了阿佩尔·费诺萨。他是一位西班牙人，也是一位雕塑家。在与阿佩尔·费诺萨初见后不久，可可·香奈儿就与这个西班牙男子确立了恋爱关系。

　　阿佩尔·费诺萨让可可·香奈儿着迷，而可可·香奈儿，也让这个西班牙男人仰慕和钦佩："她真的非常聪明，对我也很好，而且她也从来不给别人任何机会。"然而这段爱情还是来也匆匆，去也匆匆。一年之后，这段爱情便无疾而终了。没有谁不喜欢谁，也没有谁辜负谁。

　　说来就来，说走就走的恋爱，就好比天空的云，在不知不觉中到来，又在不知不觉中飘去，让你不曾察觉，只是会在很久之后，在某一个瞬间感觉到它的存在，你才恍然大悟：原来，爱情它早已经来过了，只是自己太过于粗心大意。

　　吸烟、弃女、情妇、设计师、时尚先锋……这样的可可·香奈儿是怎样被炼成的？她是一个矛盾体，她的存在让人唏嘘和惊异。偶尔也会让人不禁去遐想，到底是怎样的经历，才能成就这样的女人？到底是怎样的生命轮回，才会让这样的女人经历如此的大是大非？或许，这一切的一切，即便是说上千句万句也不能让人明白，只因为命运总是那么让人捉摸不透，无法预测。

「 纳粹风波 」

行走在政治的边缘地带

可可·香奈儿，她用自己的名字抒写着历史的传奇。

她是一个敢爱敢恨的女子，在感情世界里来去自如，这是她一生的格调，这样的格调，想必世间少有人能够坚守；她是一个行走在时尚中的女子，向往着时尚与美丽，所以独自一人支撑起了自己的香奈儿王国，成为一手遮天的时尚女王；她是一个身处在凡尘俗世中的孤寂女子，她惧怕爱情，却也渴望爱情，在伤心绝望之后，她拨开自己眼前的迷雾，仍然一如既往，执着地去寻觅那个童年幻想中的白马王子。

勇敢果决，大胆执着，可可·香奈儿一个让多少人爱慕的女子！

每一次走过橱窗，映入眼底的总是那迷人的黑色风情和她那简洁干净的香奈儿 5 号。从奥巴辛到巴黎，从好莱坞到意大利，在这个充满异域风情的欧洲国度里，每一处都留下了可可·香奈儿的足迹。

她的人生一直在打拼，与命运斗争，与对手竞争。不服输的可可·香奈儿就这样赢来了自己现在的一切。似乎，这一路走来，她的人生都是华丽光鲜的。但是与纳粹的盖世太保相爱，却为这段华丽的人生抹上了污点。

这段与纳粹相爱的故事，还要从 1940 年的 9 月份说起。

由于战争，男人们都应征入伍。可可·香奈儿的外甥也不例外。1940 年 9 月，德国纳粹开始释放那些被逮捕的囚犯，然而可可·香奈儿的外甥却没有被放出来。经历过战争与囚禁，即便是身强力壮的青年男人身体状况也会大不如从前。为了外甥的健康，可可·香奈儿决定想尽一切办法也要把自己的外甥弄出来。

四处寻求门路的可可·香奈儿在朋友那知道了一个叫作汉斯·君特·冯·丁克拉格的德国人，朋友告诉他，也许这个人能够帮助她。

就这样，可可·香奈儿认识了这位让自己名声受损的纳粹党人。

这个男人拥有着德国与英国的血统，他的法语和英语都很流利，舞也跳得很好。他有着一头浓密的金色头发，一双深邃的蓝色眼睛，魁梧而又高大的身材，敏捷灵活的思维，可可·香奈儿被他的英俊潇洒吸引住了。这样的男人往往很受欢迎，被吸引的不止可可·香奈儿一个人。自从与妻子离婚之后，冯·丁克拉格便与几个巴黎贵族女人交往过。

在接触几次之后，可可·香奈儿与冯·丁克拉格之间的关系发生了微妙的变化。男人与女人之间，掺杂着似爱非爱的朦胧情愫，细腻流淌到每一个角落，慢慢渗透着深刻的印记。一种莫名的情愫开始萦绕在了两个人之中，它叫作爱情。

说来就来的爱情不能够被刻意安排，它来了，你就安然接受，它走了，你就沉静放手。双眼迸发出炽热的花火，那叫作爱情。爱情来了，就要勇敢面对，哪里还顾得了许多！我们不能回避也不能改变，我们能做的，就是尽情地享受爱情带给我们的甜蜜与幸福，如此就好。

对于这段毁掉自己名誉的爱情，后来的可可·香奈儿回首过往，表现得非常坦然。而对于冯·丁克拉格的纳粹身份，她也很淡定。这样的坦然与淡定，我们或许可以理解。可可·香奈儿与冯·丁克拉格是十足的姐弟恋，这个时候的可可·香奈儿已经 58 岁了，而冯·丁克拉格才 45 岁，比可可·香奈儿足足小了 13 岁。58 岁的可可·香奈儿已经不再年轻，尽管她可以隐藏自己护照上的出生年月，可以隐瞒自己的真实年龄，但是自己的容颜在慢慢地衰老，那一面不会撒谎的镜子在时时刻刻告诉可可·香奈儿，自己的最美年华已经逝去。她不能抵挡岁月的无情，也不能无视自己的老去。当这样的一个女人，在面对爱情的时候，

　　谁还会如此的计较呢？一份合拍的爱情来之不易，得到就要珍惜，不要去管那些条条框框，不要去在意那些微小细节。爱情里，人们本就是糊涂而迷茫的，对于自己和爱人的过去，不要去分个清楚明白。活在当下，才会让自己快乐。那样敏感的时期和备受瞩目的身份，一个女人为了爱情能够如此地奋不顾身，该是多么的勇敢大胆！她抛弃了道德，推开了教条，可可·香奈儿心中有的，只是对爱情的执着与坚持而已，这也符合她一贯的处事风格。

　　与冯·丁克拉格相爱的日子，确实是可可·香奈儿快乐的时光。处于人生尴尬年龄的女人，又一次感受到了爱情的美妙滋味。

　　对于这个冯·丁克拉格的身份，可可·香奈儿或许有那么一丝丝的怀疑。这个就职于德国驻巴黎大使馆的男人，实际上却是一个间谍。冯·丁克拉格的上司瓦尔特·舍伦贝格是希特勒的左膀右臂，他们专门负责为纳粹德国搜集情报。

　　洗尽铅华，抛去一切的外在，可可·香奈儿不是设计师，不是时尚人士，不是女商人，不是带有任何头衔的人，她只是一个渴望被人呵护疼爱的女子，今生与来世，或许她只希望自己可以做一个被深爱的女子，如此便无憾。半生已过，却无爱人陪伴。当冯·丁克拉格出现的时候，她格外珍惜，他成了她的牵挂、她的欢欣。她喜欢他的幽默风趣，喜欢他的开朗活泼，喜欢他的一切，喜欢到不在乎他的一切。她开始了和冯·丁克拉格在丽兹酒店的同居生活。她的朋友越来越少，人们对她的非议也越来越多。

　　就是这样的喜欢，给可可·香奈儿带来了麻烦。

　　1942 年的夏天，可可·香奈儿被带走接受调查，调查的内容不过是审问可可·香奈儿与冯·丁克拉格的关系。

　　与冯·丁克拉格走在一起，有人觉得是一种利益的勾结，有人觉得冯·丁克拉格会说服可可·香奈儿卖国，总之，对于这样的结合人们是不看好的。

当冯·丁克拉格知道有人将可可·香奈儿带走审问的时候，愤怒的他开始召集德国士兵，想要去搜查拘押可可·香奈儿的房间。然而，却没有人能够解释这一切。也许，只不过是人们将这样的爱侣组合妖魔化了，他们的结合简简单单，就是因为爱情，别无其他。因为除了冯·丁克拉格一个德国人之外，可可·香奈儿并没有接触过其他的德国人。她就是这样的直接而简单，她根本就没有想太多，所以那个时候的可可·香奈儿也不会知道，自己喜欢的冯·丁克拉格会背着自己，利用自己与英国的关系为德国情报组织提供帮助。

被爱情滋润的可可·香奈儿做着内心的挣扎，她想让这一份爱情变得简单，所以她尽量去忽略冯·丁克拉格的身份和那些德国人，她像对待其他朋友那样对待冯·丁克拉格，对于自己，可可·香奈儿也尽量如同以前一样生活。

可是战争带来的影响，让人们不能如愿以偿。

战后的巴黎物资缺乏，一些依旧坚持时装的设计者开始学会了如何在这样缺少布料的时代中生存。他们将大衣改成短款外套，将外套改成露背上衣。他们在想尽办法，让时装潮流不会因为战争而干涸。

然而可可·香奈儿在战前就已经将自己的时装沙龙关闭，仅仅留下香水和珠宝店还在营业。被战争摧残后的巴黎，已经很少有人需要这些奢侈品了，于是，可可·香奈儿的收入急剧减少，或多或少，这给习惯了贵族生活的她带来了危机感。隐藏的危机促使可可·香奈儿去做一些事情，例如劝说英国首相温斯顿·丘吉尔绕过同盟军，与德国进行停战谈判。

多年之后，可可·香奈儿的助手对那个时候的她印象颇为深刻："每天早上她都会详细地阅读报纸。《法兰西晚报》的社长非常吃惊，香奈儿居然会如此了解国际时事。她也会情不自禁地这样做：她会把自己放在国家元首的位置上，设身处地地为国家考虑，下一步该做些什么……她是一个公司的领导，也是一个国家的象征，所以她总是很操心。倘若你听可可·香奈儿说话，你就会认为她应该为当前的形势负责。在'二战'期间，她认为自己应当促使丘吉尔和德国谈判，她有自己独到的想法，那些大人物不和她商量真是可惜。"

为何一个时装界的设计师敢于去和英国首相谈判呢？

早在1924年，可可·香奈儿认识了一位美丽的英国女人薇拉·贝特，她是英国王室的亲戚，而温斯顿·丘吉尔是她的好朋友。这样两个看似不相干的人，却通过共同的朋友薇拉·贝特而结识了。与可可·香奈儿相谈甚欢的丘吉尔还曾去康朋街参观过她的沙龙。

凭借这样的关系，可可·香奈儿自信地认为自己可以成为英国与德国的和平大使。凭着这样的信心，可可·香奈儿与薇拉·贝特去往了马德里，带上薇拉·贝特，可可·香奈儿觉得这是为此次出行上了保险。

但是事实证明，可可·香奈儿在政治方面还是不如在时尚界那般得心应手。不要说谈判，可可·香奈儿根本就没有见到丘吉尔的面。

她本以为，自己带上薇拉·贝特——这个与丘吉尔关系甚好的女人，自己便可以完全胜任这件事，即便是自己在冯·丁克拉格的面前夸大了自己与丘吉尔的关系，那么这个与王室有关系的女人也会帮到自己。然而，这一次，可可·香奈儿认清了事实，自己的计划也以失败而告终。

1944年6月，盟军在诺曼底登陆。随着德国军队的撤离，那些在战场上浴血奋战的士兵开始期待巴黎的解放。想要重获和平与自由的心让解放者在不到一天的时间里，就控制住了政府的办公地点，胜利就在眼前。

1944年8月25日，法国军在巴黎建立了新的政府。巴黎自由了。

而那些曾经与德国纳粹同流合污的人开始惶惶不可终日，巴黎解放，法国军也要开始清理那些在战争中背叛法国的叛国者。法国民众建立起了一个自由法庭，不算是正规的，因为他们想要严惩那些叛国者。数万名的女性被剃成了光头，甚至还脱光衣服进行裸体的游街。这给她们带来了羞辱，也丧失了尊严。尽管这样以暴制暴的行径不被政府认可，因为实在是太残忍了，但是法国戴高乐政府也只能无奈地任其进行。

通敌叛国的人也想要生存，可是想要生存，就意味着逃亡。

两个月后，冯·丁克拉格决定逃亡到瑞士，他还劝说可可·香奈儿与自己一同走，但是可可·香奈儿拒绝了。她是法国人，她是勇敢的人，她什么都不怕，即便是要面对残酷审问，也不会退缩。该面对的就要面对，逃避是不能解决一切问题的。

当可可·香奈儿被法国代表逮捕的时候，她就已经做好了面对一些的准备。高傲的她依旧像女王一样，毫无畏惧。

她被带离了丽兹酒店，本以为自己会迎来牢狱之灾，但仅仅被审问了几个小时，可可·香奈儿就被释放了。

人们开始猜测聪明的可可·香奈儿究竟是怎样为自己辩护的。有英国记者还做过这样的定论："拿破仑做了几件超级简单的事情后就成功地当上了将军，香奈儿也效仿拿破仑，她在商场的窗户里声明香水免费给美国兵，那些美国兵就排队去领香奈儿五号香水。如果法国的警察碰到了香奈儿的头发，香奈儿就会非常愤怒。这样她就赢得了非常宝贵的喘息时间，然后她就开始四处求救……她还尽量避免和她的朋友们见面，尤其是那些被指控犯有叛国罪的人。"

其实，真正救了她的是温斯顿·丘吉尔。他的一封"绝密信件"让可可·香奈儿逃过了一场牢狱之灾。

虽然毫发无损地被释放，但是身负骂名的可可·香奈儿已经不再被法国接受了。有朋友建议她先到国外去小住一下，避一避风头。对于这个时候的可可·香奈儿来说，这是最好的办法，对于流亡的地点，可可·香奈儿选择了瑞士的洛桑。

瑞士，一个在"二战"中保持中立的国家，而洛桑是瑞士的法语区地带。洛桑是一个并不算大的坐落在莱芒湖畔的城市，就这样，可可·香奈儿开始了自己的流亡生活。但可可·香奈儿不会想到，自己这一离开，就是10年之久。

「 东山再起 」

全世界重新爱上她

法国，是可可·香奈儿的故乡。她从未离开过法国，即便是工作，也只是短暂地离开。这个她熟悉的国家，有着自己的朋友、自己的爱人、自己的事业，而离开这里，可可·香奈儿就什么都没有了。

在瑞士的时光，让可可·香奈儿感到无聊，她最怕的，就是无聊。

如果说没有了爱人、没有了朋友，她都可以继续自己的生活，如果没有了事业，没有了工作，那么一切就都失去了意义。

无所事事的可可·香奈儿开始了忙碌——从一个酒店搬到另一个酒店，然后再搬回来。她的精力与时间无所投放，只能漫无目的地"折腾。"她想要通过这种方式让自己摆脱痛苦。

无聊的日子在 1949 年的冬天结束，因为可可·香奈儿遇到了同样在瑞士的冯·丁克拉格。

孤寂无聊的日子让可可·香奈儿感到害怕，她怕自己就这样孤独下去。尽管与冯·丁克拉格之间经历了一些事情，但这个自己爱过的男人依旧保持着吸引女性的闪光点。再一次遇见，可可·香奈儿依旧对他燃起一些旧情，异国他乡重逢，曾经的爱侣又在一起了。

然而朝夕相处之后，可可·香奈儿与冯·丁克拉格的生活却越来越不和谐了，她开始看不惯冯·丁克拉格的游手好闲。可可·香奈儿是一个强势的人，也是一个要强的女人。生活不能给她安慰，在瑞士，她想要拾起自己的时装业，让它重新开始。

想法仅仅是在脑海中一闪而过，真正让她决定东山再起的是某一日，可可·香奈儿在报纸上读到了"克里斯汀·迪奥"的名字，以及关于他的"New Look"。

战争过后，女人们开始一扫硝烟的阴霾，她们开始按捺不住自己想要美丽的心，上流社会的贵妇们开始想要好好地展现自己。于是，时装界掀起了复古的奢侈之风。浪潮中，一个名叫"克里斯汀·迪奥"的男人出现了。他所设计的衣服侧重于展现女性的柔美和妩媚。圆润的肩部取代了棱角分明的方形垫肩，热辣的短裙取代了朴素的外套，其中，宽大的钟形裙和显露曲线的短外套成了克里斯汀·迪奥的最爱，它可以轻松地将女性的腰部以及胸部曲线显露无遗，并且将这种风格取名为"New Look"，也就是所谓的新风貌。

1947年的2月份，寒冷依旧强势地侵袭着巴黎的每一个角落。严寒的二月，克里斯汀·迪奥的时装秀却如火如荼地进行着。舞台上，模特们迈着轻快的步伐，舞台下，社交人士、评论员、杂志记者代表让沙龙座无虚席。这一场"New Look"的时装秀火遍了巴黎的大街小巷，它就像是一场革命，轻而易举地俘获了人们的心。人们也开始相信，克里斯汀·迪奥就是上帝赐予时尚界的天才，他拯救了人们的黯淡无光的生活，也拯救了巴黎的时尚霸主地位。

对于这个男设计师，可可·香奈儿的眼光里带有一丝藐视，这个男人设计的衣服，她也并不看好。同样作为时尚设计师，当有记者询问可可·香奈儿对"New Look"的看法时，直率的她丝毫不掩饰自己的观点："看看我就好了。"在"New Look"流行的浪潮中，可可·香奈儿依旧穿着自己设计的衣服。她不用任何激烈的言语和过分的行动，就能够清楚地表达自己反对"New Look"风貌的观点，她毫不畏惧，也不加掩饰。

克里斯汀·迪奥的出现让可可·香奈儿决定复出，她的斗志已经迫不及待地要爆发了。克里斯汀·迪奥这种设计时装的方式，曾经是可可·香奈儿一心想要灭绝的，如今自己刚刚隐居，奢华复古和束缚女性身体的紧身衣就又卷土重来。她不喜欢克里斯汀·迪奥的设计，不喜欢他设计的那些衣服，如果时尚界被这样的人占据，那么时尚就要被摧毁了。时尚圈需要自己，可可·香奈儿这么觉得："我曾经试着说服我自己，不要老是只想着自己……我总会有什么地方可以去、总会有什么事情可以做的。我已经准备好要重新开始。活到这么一大把年纪，我从来都没有清闲过……我涉足时装业和制造香水，都是出于偶然！我发明了许多令人赞叹而有用的东西：这些发明可以使一些人变得贫乏，也使一些人看起来更加丰富。我在自己的周围播种善意，结果却只能收获侮辱。我尽心尽力地改善员工的环境，她们却不知回报……我很喜欢这一切，它们满足了我的破坏欲和对变化的兴趣。人们只有在生命面临支离破碎的时候才能认出它来。世界不过只是斗争和混乱。与赛特所说的恰好相反，我将会是个很不安分的死人。假如有一天我躺倒在地上了，我会抖抖身子，想法子尽快回来，然后重新开始。"

可可·香奈儿早就已经与香奈儿时装融为一体了，她不想自己的香奈儿品牌被人遗忘，被时尚遗忘。重新开始，是可可·香奈儿心中的头等大事。

1953 年，时尚女王可可·香奈儿要重返时尚舞台的消息不胫而走，好奇心驱使人们想要看看，这个已经将近 70 岁的女人要怎样重新戴上时尚女王的桂冠。

终于又可以重新工作了，终于又可以找到自己存在的意义了，她要击败时尚界的那些不正之风，她要让女性解放自己的身体，解放自己的心，她要让那些盲目崇拜 "New Look" 的人们知道，他们需要什么样的衣服，什么才是真正的时尚。

斗志昂扬的可可·香奈儿回到了巴黎的丽兹酒店。她将自己的时装店重新装修了一番，又将自己的沙龙和工作室翻新了。10 年过去，虽然此时的她已经是 70 岁的高龄了，但是她依旧是那个曾经在时尚界叱咤风云的可可·香奈儿。

　　曾经的时尚女王回来了，可是等待她的，却是自己与威泰默家族之间的商业纠纷。

　　曾经在香奈儿 5 号香水风靡世界的时候，可可·香奈儿感觉到了力不从心。她看到了自己香水的潜力与未来发展，她想要在老佛爷百货商场出售自己的香奈儿 5 号，但是依照目前的生产能力还远远不够，于是，可可·香奈儿结识了威泰默家族。

　　威泰默家族是典型的犹太家族，他们继承了犹太人的聪明才智，凭借这样的智慧，威泰默家族将一家舞台化妆品公司成功转型为可以自主生产、销售的化妆品公司。威泰默家族的实力和影响足可以满足香奈儿 5 号香水的生产量和销售要求，可可·香奈儿由此看到了商机和希望。

　　经过多年的合作，可可·香奈儿开始慢慢感到不甘，她深深地觉得自己香水的利益被严重稀释了，自己身为香奈儿 5 号及其他香水的创始人，却只能分得 10% 的股份。她想要维护自己的利益，想要维护香水公司的利益，于是，与威泰默这个犹太家族的纠纷让可可·香奈儿头疼不已。

　　为了赢得与威泰默家族的官司，可可·香奈儿甚至还用德战时期的反犹太法来驱逐威泰默家族。曾经的小矛盾逐渐变大，愈演愈烈，不可收拾。

　　直到 1947 年，他们与可可·香奈儿签订了一份协议，这场香水风波才算是平息下来。协议里说明了可可·香奈儿的利益：从 5 月份开始，可可·香奈儿每年会从销售的所有香水中获得 2% 的专利权使用费，另外，她还获得了以往专利权使用的赔偿金，香奈儿公司也拥有了在世界各地生产并销售"香奈儿女士香水"的权利。

　　这个时候的可可·香奈儿早就不需要依靠工作而生活了，她所赚得的财富金钱足以养活她的后半生，而且过得还会十分滋润，之所以这么做，不是为了金钱，而是可可·香奈儿觉得，自己该有的就必须有。

　　赢得了自己应有的权利与利益，可可·香奈儿开始着手自己的复出。此时的可可·香奈儿依旧执着而又倔强，可可·香奈儿坚信自己的幸运数字是 5，就像是"香奈儿 5 号香水"带来的不可复制的传奇。重返时尚界的她将自己的第一次时装秀安排在了 1954 年 5 月 5 日，她坚信，自己可以延续"香奈儿 5 号"的经典。

而 70 岁的她依旧是战前的打扮：瘦削的身体，低调的服饰，装扮一些珠宝首饰。而复出之后的时装秀，也是一如既往地贯彻了朴素简洁的风格，可是这种风格并不被人看好。当一个又一个模特从自己身边走过的时候，观众开始感到无趣和失望。

这一次时装秀，可可·香奈儿依旧延续 20 世纪 30 年代的风格：以黑色和白色为主，宽松的外套，宽松的裙子，既显不出胸部的曲线，又看不出臀部的线条。时装秀的内容，只有衣服和鞋子，没有帽子，没有手套和珠宝。在色彩艳丽的环境中，这些黑色和白色显得太过于压抑和沉闷，就像是一场灾难的演绎。

又一次，可可·香奈儿高估了自己，时装秀并没有继续传奇的续写。现场气氛尴尬而又冰冷，可可·香奈儿也感到了这种冰冷的气氛，面部有些忧伤。

时装秀一结束，人们就匆匆离场了。这些观众，有一部分是奔着可可·香奈儿曾经的名气来的，有一些是在"二战"中成了叛国者，他们希望可可·香奈儿能够成功，这样自己就可以沾光，抹去叛国者羞辱的过往。

无论是基于什么样的理由，这些前来观看时装秀的观众都失望而归。各种各样的杂志媒体开始对可可·香奈儿失败的时装秀进行了直接露骨的评论，尖酸刻薄的话语是人们对于这种 20 世纪 30 年代的古老气息不再有怀念的证明，而这些话，也证明了这一次可可·香奈儿是失败的。

连锁反应就是这样的可怕。时装秀的衣服只卖出了 10 件，它的失败直接导致了"香奈儿香水公司"的股价大跌，而这些收入是可可·香奈儿唯一的经济来源。

面对失败，可可·香奈儿本人却是出奇地平静，她平静地接受人们的采访，接受朋友安慰性的祝贺，这个执着的狮子座女人依旧坚信，自己会再一次被时尚接受的，这一次的失败不过是黎明前的黑暗。

可可·香奈儿一生都不曾放弃过自己的梦想。童年时她梦想自己可以过上富足的生活，于是她怀揣梦想，在奥巴辛孤儿院默默地与命运抗争；当自己的女帽店入不敷出的时候，她宁愿卖掉自己的首饰也要继续坚持；当亚瑟·卡佩尔离开她的时候，这个坚强的女人把自己封闭起来，她要在最短的时间内恢复往日的自己，开始新的生活。如今，可可·香奈儿已经70岁高龄了，人生已经走到了结尾，曾经的艰苦磨难都已经挺过来了，这一次小小的失败更不会打垮她。

半年之后，可可·香奈儿终于迎来了事业的曙光。1954年的11月，《ELLE》杂志的封面女星，穿着香奈儿的女性套装，戴着毛边帽子。这一张封面照片证明了可可·香奈儿的复出成功，香奈儿女装重新回到了时尚主流。

随后的时装秀，可可·香奈儿推出了没有肩带的晚礼服和喇叭裙，面料是充满梦幻和浪漫的蕾丝。在其他服装面料的应用上，可可·香奈儿采用了印花面料、绸缎和天鹅绒等合成材料。

曾经中断的传奇再度续写，可可·香奈儿的成功继续在历史上恣意展现。然而对于重回大众视野的香奈儿时装，有些人却抱着批评的眼光看待，他们认为香奈儿的女装从战前到现在似乎并没有什么大的创新与改变，可可·香奈儿做的只不过是在完善细节而已。她只不过将衣服的纽扣和衬里做了些改动，其他的外观或者风格并没有改变。事实如此，但是这些人的理解却是片面的。的确，可可·香奈儿始终在重复着一种风格，但这也正是属于香奈儿的风格，有些时候，一成不变也是一种创新。它更需要设计师有着超凡的能力，让这些看似一成不变的时装永远流行。这些年，香奈儿女装几乎变成了一种制服，穿着这些制服，你不必担心自己的外表和线条，它会带给你无尽的安全感和与众不同的时尚个性。

复出成功，让可可·香奈儿找回了信心，重新回到工作岗位也让这个精力充沛的70岁女人不再感到空虚与无聊，可可·香奈儿在收复了欧洲大片失地之后，也将美国市场成功归为了自己时尚王国的领土。

美国《生活》杂志给予了香奈儿大量的好评。那些美国女性就像哥伦布发现了新大陆一样，她们开始狂热地追逐香奈儿时装，她们相信，只有可可·香奈儿才会改变自己，只有香奈儿才真正配得上"时尚"二字。甚至，这些美国女人不远万里来到巴黎，只为能够买一件香奈儿的时装或是配饰。

直到今天，香奈儿依旧保持着这种迷人的风采，让世界各地的人追随在它的身后，将拥有香奈儿当成自己的梦想和目标。

从巴黎到美国，从欧洲到世界各地，可可·香奈儿在不断扩大自己时尚王国的领土。在与克里斯汀·迪奥的这场时尚战役中，可可·香奈儿获得了压倒性的胜利。

在此之前，对于自己重返时尚舞台，可可·香奈儿充满了自信："我因为机缘巧合成为设计师，因为机缘巧合我又制造了香水。现在我要去做点别的什么，但是做什么呢？我不知道。又一次，机遇会决定一切，但是我已经做好了准备。我不会离开太久，我什么都没打算，但是当时机到了，我就能感到我将抓住什么，并且牢牢掌握。"

她真的抓住了，也真的牢牢掌握了。她的自信为自己赢得了成功。

然而成功并不是终点。所有的荣誉、成功、称赞，都不能让这个年逾古稀的女人停下工作的脚步。在年龄和岁月的面前，可可·香奈儿对于工作的热情只会增加，不会减少。如此，你才会在1954年的巴黎，看到一个女人穿着朴素的黑裙和毛衣，挺胸抬头，高傲地走进自己的店里，然后她会将自己毛衣的袖子卷起，左手的食指和中指夹着一支香烟，或是连续站上几个小时，或是埋头默默地坐在地上，就这样开始自己全神贯注的时尚事业。

她的名字叫可可·香奈儿，一个人们都知道的名字，她将自己的一生献给了事业，也将自己的一生冠上了"时尚"的标签。

「 独特见解 」

不能出现在大街小巷的时尚品是失败的

当你问一个女人，最想要一件什么奢侈品的时候，相信她们的回答都是三个字——"香奈儿"。

香奈儿早已经成为时尚和奢侈的代名词。那些活跃在娱乐圈和银幕上的女人们，是香奈儿最忠实的粉丝。

流行音乐巨星席琳·迪翁也深深爱上了香奈儿带给自己的感觉，想起自己拥有了第一件香奈儿时，席琳·迪翁觉得那是一次奇妙的邂逅："那是在1994年，我终于拥有了一双鞋子和一套淡粉红色的套裙，香奈儿很昂贵，而且那种风格的衣服不可能作为演出服装。按道理说我不应该犯这种购物错误，但我还是买了，我希望自己在舞台下、在生活中穿着它，就好像初恋的感觉。我知道，香奈儿是每个女人的梦想。"

香奈儿是每一个女人的梦想，人们想要穿着它出入各种场合，只是想让自己时时刻刻都魅力无穷。

女人爱美，无论来自哪个国家的女人都是如此，这是天性。可可·香奈儿深知这一点，所以她将自己的顾客锁定在了那些家境显赫的上流社会的女人身上。生活对于她们来说只有享乐，没有苦难。她们有着花不完的金钱财富，有着参加不完的各种聚会需要自己闪亮登场，也有着大把大把的时间。她们爱打扮，更多的是为了互相攀比。她们不在乎价格，只在乎攀比的结果。

因此，在人们的印象里，香奈儿是奢侈品，是只有贵妇才能消费得起的品牌。

　　当可可·香奈儿名声大震，当香奈儿女装成为时尚标签的时候，大街小巷开始出现了山寨香奈儿。

　　那些衣服或配饰与真正的香奈儿几乎一模一样，唯一的差距就是悬殊的价格。可以说，香奈儿复制品的售价是一个普通百姓能够接受的价格，但是真正的香奈儿，却并非每一个人都能拥有。

　　似乎所有的设计师都十分反感并且反对自己的作品被复制，他们会觉得自己的劳动成果被人窃取，所以不遗余力地打击那些仿冒品。为了避免自己的作品被人仿制，一些设计师或是在自己衣服的标签上涂上紫外线涂料，或是在店面和裁缝店的每个房间都挂上"仿冒即偷窃"的警告语，或是在每一场服装秀之前收走记者的笔记本，为的就是不让他们将自己新款服装给散播出去。然而可可·香奈儿却有着截然不同的看法，她丝毫不介意自己的作品被人复制，甚至还十分开心，因为那些专门复制衣服的店可以让自己的香奈儿品牌遍布大街小巷。

　　不得不说，可可·香奈儿真的是一位商业奇才。原来早在 20 世纪 50 年代，可可·香奈儿就有先见之明，她开始懂得怎样与其他人共享利益，享受他们给自己做免费广告的快感。如今，那些控诉盗版的企业和公司，显然都不如这个法国女人懂得经商之道。

　　"不能出现在大街小巷的时尚品是失败的。"可可·香奈儿说。所以，当那一日，可可·香奈儿从自己蓝色的凯迪拉克走出，看到街边小商贩售卖的仿冒香奈儿衣服的时候，她无比开心，激动的可可·香奈儿亲吻了小商贩的脸颊，并说了一句："谢谢你。"这时，人们才注意到，那个用纸板和木棍搭起来的临时摊位上，七零八落地堆放着一些衣服，那是香奈儿米色黑边金纽扣双色套装，而每件外套，售价才 100 法郎。

　　回忆起那一幕，步入老年的可可·香奈儿依旧兴奋无比，她依旧清晰地记得自己对那个小贩说的话："这是我此生最辉煌的一刻。100 法郎的香奈儿，真令我开怀。继续加油！"对于可可·香奈儿而言，能够让她开心的不是她设计的衣服能够创造多少财富价值，而是有人能够让自己的衣服大众化、平民化。

可可·香奈儿将自己独一无二的风格持续到底。她没有挂上警告语，也没有没收笔记本，如此强硬的她才不会将自己的精力和心思花费在如何打假的上面。可可·香奈儿会大方地展示自己的产品，甚至还会在自己生产之前，将设计样品刊登在杂志上，让人们了解当下的时尚潮流趋势。

换个角度，其实被复制才是成功的。那些地摊上的仿制品让人们都知道了香奈儿的存在。如今，"可可·香奈儿"已成为全世界家喻户晓的名字，人们反而忘记了这个女人的原名"嘉柏丽尔"了，人们只记得，这个名叫可可·香奈儿的女子是一个不能没有事业和工作的女人。在旁人看来，她可以没有爱情，没有亲人，没有朋友，但唯独不能没有工作。她的性格也决定了，这样执着和坚强的女人是必须要工作的，成为贤妻良母或是温婉主妇，都不是她的理想。

多年之后，曾经在可可·香奈儿的沙龙里工作过的人，为人们描述了这个"工作狂"工作时的画面："可可·香奈儿围着模特儿忙碌，先是双膝跪地，有时候索性趴下。一会儿站起，一会儿坐下，一边还不知所云地喃喃自语。她脖子上用丝带挂着把剪刀，参照着图样，然后就直接在衣料上裁剪起来。

"这是一件米色真丝礼服，不规则的裙摆，领子像交叉的围巾。只见可可·香奈儿这里调整一道边，那里抻直一个褶，一寸寸简化着衣服的线条，让它在底部柔顺地张开。然后，她开始在手臂处下功夫：'这该死的袖子，我怎么老是弄不好！'可可·香奈儿嘀咕着。

"已经是下午时分，可可·香奈儿还在忘我地工作。她对袖子始终放心不下，敏捷地又掖又别，最后总算满意了。衣服被送到楼下加工，这是为一位顾客定做的。此时，可可·香奈儿才想起来，她的午饭还没有吃。当然，她的模特也一样。

　　"可可·香奈儿的助手在她走后拿着吸铁石在地板上到处移动，好把散落的缝衣针和别针收拾起来。向来喜欢整洁的可可·香奈儿容不得她的工作室里一片邋遢。"

　　人们总说，认真工作的男人是迷人的，其实，工作中的女人也充满了魅力。工作中的可可·香奈儿让人觉得是如此的干练和精明，事实也的确如此。她让自己的香奈儿品牌从康朋街的沙龙走出了法国，走向了世界各地。香奈儿的美名不用依靠那些复制品和仿冒品也能够称霸时尚界。

　　跨过一个世纪，香奈儿的足迹已经遍布世界各地，巴黎、纽约、东京、首尔、北京、伦敦……无论在哪个国家，你都能看到带有巨大的双 C Logo 的专卖店。

　　无论是哪一个国家哪一个地区的香奈儿精品店，它们都会坐落在高档商场、五星级酒店、高级会所这些聚集名流的地方，只有这种寸土寸金的黄金地段，才会吸引更多的潜在的消费者。

　　如同多年来香奈儿女装始终保持一种风格一样，每一个香奈儿的店面也都保持着同一格调。巨大的落地玻璃窗镶着黑色的边框，像是一个相框。如此醒目的大玻璃，可以让路过的人们清楚地看到香奈儿服饰的款式，也可以伴着店内的灯光，让时装充满了光泽和质感。路过的人们，会因为那流畅的线条和充满时尚气息的款式而流连忘返。

　　走进店内，到处是可可·香奈儿喜欢的白色和黑色的装饰，白色的墙面反射出柔和的灯光，与黑色的搭配显示出了无限的神秘与高雅。样式简洁的桌子上摆放着鲜花和杂志。轻松、舒适、简洁，是香奈儿品牌和店面给人的第一感觉。无论你走进哪一家香奈儿专卖店，都是如此。

　　在中国香港，中环的遮打道可谓是时尚地带。每一位去香港购物的人都会被这个购物天堂所吸引。作为香港著名的商业中心，遮打道云集了多家大型购物商场，而且都是世界知名的高档货品。在众多琳琅满目的品牌中，人们多少会眼花缭乱，但是香奈儿的双 C 标志，依旧醒目，仿佛带着香奈儿 5 号的暗香，指引着你的目光，让你一眼就能看到它的身影。

　　镜梯、扶手椅、米白色羊毛地毯，随处可见的黑白搭配，这些香奈儿的标志在遮打道的店里，没有丝毫改变。遥远的香港与法国巴黎康朋街的香奈儿总店一脉相承。照片里的可可·香奈儿也没有改变，依旧瘦削、干练、坚强而执着，她在用自己的方式延续着时尚的精髓和意义。

第七章 美丽革命

五十岁时的面孔是自己决定的

「 双 C logo 」
两个人亲密依靠的侧影

　　每一种符号的存在都有着它独特的意义，每一种标志的诞生都有着它专属的背景故事。从香奈儿品牌诞生到如今的发扬光大，可可·香奈儿将自己的品牌从法国延续到了世界各地。当每一季的新品发布，当世界各地的女人们为之疯狂的时候，那个带有双 C 的 Logo，已经深入人心，完美地诠释了香奈儿的灵魂和精髓。这个简简单单的双 C logo 也在告诉我们，标志背后的意义并不只如外观那样简单。

　　那一年，可可·香奈儿还是一个渴望爱情、渴望出人头地的执着女人。曾经的她，徘徊在上流社会边缘，还是一个在音乐咖啡厅当歌手的女人。后来，那些喜欢可可·香奈儿的粉丝亲切地称她"COCO"，于是，这个女人有了一个为众人所知道的名字——可可·香奈儿。尽管她出生时的名字并不是这一个，但是根深蒂固的思想让人们觉得只有叫这个女人"可可·香奈儿"，才能体现她的美好与精干。因为可可·香奈儿这个名字早就已经与她的品牌和产品融为一体了。

　　COCO，这个听上去可爱而又俏皮的名字，让香奈儿想要将它永远地铭记于世。当自己的品牌诞生的时候，她需要一个标志，让人们能够记住并且容易识别。于是，可可·香奈儿第一时间想到了自己的名字"COCO"，她愿意将自己的生命融入到品牌的生命，于是一向不喜欢烦琐和复杂的她将名字开头的两个字母组合到了一起。

　　成镜面影像的两个字母 C，背靠背地交织在一起，无比亲密而又互相影响，像极了童年时奥巴辛孤儿院的彩绘玻璃上的几何线条图形，那些极其相似的图案，让人们怀疑可可·香奈儿忘不了那段孤独的时光。或许，那个死气沉沉的孤儿院留给可可·香奈儿的印象实在是太深了，那里有她的苦与甜、喜与悲，所有的开心与不开心，所有的梦想与希望都让可可·香奈儿永远地记住了奥巴辛，以及奥巴辛独特的装修风格。

然而，有些人觉得这个交织的双 C 图案，更像是可可·香奈儿与亚瑟·卡佩尔名字的缩写组合，也更像是他们之间的微妙关系。

他们是爱人，可却又没有一张结婚证书；他们是搭档，却又没有一纸合同；他们是最亲密的人，可以彼此影响，可以彼此吸引。命运让他们相遇相爱，这个可可·香奈儿唯一爱过的男人，她愿意将自己与他紧紧相连。如同那两个交叉的字母 C，一个是可可·香奈儿，一个是亚瑟·卡佩尔，就这样相互依靠，而又背靠背，看似亲近，却又不是面对面的相拥。

可可·香奈儿钟爱简约风格，而她每一件作品的设计都有自己的背景和故事，其实并不简单。人们只看到了它的外观，却很少有人知道它背后的寓意。就像是这个双 C 的 Logo，人们不知道，其实它还有着另一个寓意。

可可·香奈儿一直认为，世界上所有的女人，无论是东方的还是西方的，无论是内向的还是外向的，无论肤色是白是黑还是黄，每一个女人都有自己的两面性。通常，女人们都只看重了自己的外表，而忽略了内在。

在追求美丽的路上，女人们往往只在意自己的外观：衣服是否时髦，裙子是否性感，帽子能否给自己锦上添花，高跟鞋能否让自己身材更加高挑，很少有人意识到，内在其实比外表更重要。一个女人内在的美丽更加持久，更加吸引人，也永远不会过时。

内外兼修是可可·香奈儿一直追寻的目标，就像是两个字母 C，一个代表了内在，一个代表了外在，当内外同样美丽的时候，那便是香奈儿存在的意义。

　　品牌就如同人一样，一个品牌从诞生到成熟，就像是一个人从婴孩到成年。这中间经历的一切人和事，跌宕起伏都是成长过程中必不可少的元素，因为它们对未来能否长久发展有着重要的影响。

　　服饰是人类特有的劳动成果，它既是物质文明的结晶，又具精神文明的含意。随着时间的推移，人们早就已经将生活习俗、审美情趣、色彩爱好，以及种种文化心态、宗教观念，都沉淀于其中。我们通常所说的服饰文化，不仅仅是制作和设计衣服而已，还包括穿着方式、装扮、配饰，甚至还包括发型和妆容，它们是一个不可分割的整体。

　　当然，可可·香奈儿延续的就是服饰文化。从最初的帽子到衣服、从女包、高跟鞋到珠宝，再到香水、化妆品，可可·香奈儿从头到脚、从内而外地赋予女人美丽。她要让女人从方方面面都变得美丽和自信，而不单单只是穿着时髦的衣服而已，因为即便是你的衣服时尚，但是没有合适的配饰或者妆容，也不能给自己加分。

　　这是来自法兰西女人的初衷，美是一种整体，而每一个整体都有着多面性，她独具慧眼地看到了女人的两面性，那个双 C 的 Logo 也就有了自由和浪漫的意义。人们开始熟知可可·香奈儿，这个独一无二的名字。

　　如今，香奈儿不仅仅是一个名字，它是一种精神、一种文化，它所代表的不只是一种符号和标志，因为这三个字所带来的影响已经远远超过了它所在领域，从法兰西到美国，再到世界各地，它代表的是一种优雅、一种自由、一种无拘无束的舒适感。当你提到香奈儿，想到的不仅仅是香水和小黑裙，还有名字背后的那个法国女人。她早已经和自己的品牌合为一体，而她的形象与名望，也成为了这个品牌的卖点之一。当可可·香奈儿开始出现在杂志和电视上的时候，世界各地的人们开始知道了这个女人带来的时尚理念，并且成为她的支持者。当 70 岁的她重返时尚舞台，依旧可以改变时尚界潮流的时候，这足以证明这个女人有着超凡的能力。

当一个国家的文化被世界认可的时候，这种文化就一定有着它独有的魅力所在。在法国自由浪漫主义的影响下，可可·香奈儿设计的时装被各个国家的人们所接受并且追捧，只是因为它所崇尚的简洁与解放自由的风尚让人心驰神往。

从一个什么都不懂的女孩，到一个时尚王国的女王，这其中经历的坎坷心酸也注定让香奈儿这个品牌能够被世界认可。从无人问津的帽子店，到如今每一季新品发布之后，就有人争先恐后去购买一空的时尚大牌，可可·香奈儿坚持的不只是设计，还有更重要的品牌的文化内涵。

对于香奈儿而言，它不仅仅让女人变得美丽，而是在推崇一种精神，一种解放身体、拥有自由的精神。

"流行稍纵即逝，风格永存"，从香奈儿诞生开始，可可·香奈儿就开始用特立独行的方式吸引人们的眼球。她独特的审美和艺术感悟，让香奈儿这个品牌经久不衰。

当束缚身形的鲸鱼骨女装变成了简洁宽松的外套，当拖地的长裙变成经典的小黑裙，当手拿的女包配有了背带，一切都变得简单容易。可以说，可可·香奈儿带给时装女装界的不是一场简单的替代与改变，而是一场革命，意义重大的革命。她用实际行动来告诉人们，华丽的反面不是贫穷，而是庸俗，而庸俗比贫穷更让人可悲。

时至今日，可可·香奈儿的双 C Logo 已经富有了更多的意义。白标黑底的 Logo 代表着一种理念、一种风格，时间的考验和人们的追捧让这个背靠背交织的双 C Logo 成为了简单舒适和自由高雅的代名词，时间，也让这个简单的标志更具有价值，高达 56 亿美元的 Logo 早已经成为经典中的经典。人们开始将香奈儿的这个双 C Logo 应用到任何地方、任何细节。

每一个国际知名大品牌的标志设计都不会是随意的搭配就能够被应用的，也不会是随意将图案和文字，或是字母进行改造而诞生的。那一个小小的标识不仅仅是一个图案，而是融入了企业的理念与精髓。经过精雕细琢的 Logo 代表了它内在的灵魂。看似线条简单的双 C Logo 在经过千锤百炼之后，被时代赋予了更多的意义。它是一种不会过时的个性，也是一种永远存在的时尚，它的经典和奢华，会永远走在时尚的前沿。

「 设计理念 」

艺术在于减去那些别人加上去的东西

爱尔兰喜剧作家萧伯纳这样评价可可·香奈儿，说她是"时尚界的奇迹"。

她有一双神奇的手和一个聪慧的大脑，她所设计出的衣服都能成为热销品，她能让廉价低档的布料成为富人喜欢的时装。她也能让自己从一个默默无闻的女孩，一跃成为时尚界的女强人。可可·香奈儿创造了无数个奇迹，也让自己成为奇迹之一。

的确，她就是一个奇迹，也创造着奇迹。她只会缝纫，她可没学过服装设计，但是她却可以减去服饰上那些冗余的装饰，让一件衣服拥有更加完美的形态。她有着独特的设计理念："我的艺术在于减去那些别人加上去的东西。"

标志性的小黑裙和双色鞋，成为了香奈儿时尚王国里屹立不倒的经典，从黑白到浅粉和米黄，每一件时尚王国里的作品都是经典之作。

一个品牌能够走过百年的风雨，依然流行，这要归功于可可·香奈儿独树一帜的设计理念。

她的独一无二也让香奈儿的设计理念独一无二。她不喜欢盲目跟风，因为她知道，香奈儿品牌如果想要在同行业中脱颖而出，就必须要有与众不同的地方。如果跟风，最终就只能与大家一同在时尚浪潮中丧生，谁也不能逃过这一厄运，这也就意味着，香奈儿的衣服必须要有属于自己的特点，让人能够过目不忘，在第一时间就能够与它碰撞出火花。

在守旧复古的时代里，法国女性的服饰依旧崇尚华丽，为了彰显这一点，她们开始为自己的衣服搭配各种各样能够体现华丽的装饰物，而这些通常都是累赘。充满繁文缛节的衣服制约了女性的脚步，沉重的帽子让女性们不能活动自如，拖地的大裙摆让女性们不能随意走动，即便是体积小巧的女包，也因为是手拿款，而不能解放女人们的双手。这样的华丽，其实不是华丽，而是一种枷锁，牢牢锁住了女人们的身体和双手。想要在这样的时代浪潮中鹤立鸡群，可可·香奈儿就要化繁为简，简约简洁中不失优雅和高贵，这才是真正的华丽。与那些名贵的珠宝和价值不菲的装饰物相比，这样的华丽更人性化。

所以，当那些穿着大裙摆拖地裙子的女人们看到香奈儿的小黑裙，才知道原来裙子也可以露出脚踝，当衣着色彩艳丽的贵族少妇看到黑与白的搭配，才知道原来低调与朴素也可以高雅，当那些被衣服束缚身体、走路小心翼翼的女人看到直线条外套的时候，才知道原来剪裁宽松舒适是最好的时尚。香奈儿那些极具人性化的设计与剪裁，就这样展现在人们的眼前，华丽地跃出水面。那些优雅而又实用的设计，让香奈儿在时尚界引起了不小的轰动。

可可·香奈儿做到了，她没有跟随潮流，而是自己创造潮流。极具创意的新颖设计，让人想不关注它都难。

要想无可取代就要与众不同。可可·香奈儿就是这么特立独行，她是一个神奇，引领时代的潮流。

曾经在巴黎的大街上，可可·香奈儿遇见了保罗·普瓦雷，冤家路窄，两个同样身为设计师，但是设计理念却截然不同的人相遇，就连空气中都凝聚着紧张的分子。在时装设计中，保罗·普瓦雷习惯用高贵的丝绸来装扮女人，因为他觉得高贵奢华才能展现女人的妖娆，因此对于可可·香奈儿的简约风格，他十分不屑。高傲的保罗·普瓦雷拦住了可可·香奈儿的去路，不屑地看着她身上十分朴素的外套，用轻蔑的语气调侃道："香奈儿小姐，这是哀悼谁呢？"显然，保罗·普瓦雷低估了这个女人，她的心绝不像她的时装那样低调，她经历过苦难，也受过别人的白眼，她不容许别人如此讥讽自己，尤其是自己费尽心血设计的时装。倔强的可可·香奈儿丝毫不避讳这个男人的讥讽："哀悼你呢，保罗先生。"

她在用自己强大的心保护自己和自己的香奈儿。她不屑与那些连对手都算不上的人计较，谁的时装受欢迎，谁才是赢家。况且，可可·香奈儿有这样的自信。她可以穿着朴素的黄铜纽扣外套和舒服的平底鞋，单枪匹马地缔造一个香奈儿时尚王国。她坚信，永远留存的才是时尚，她的简约，就是时尚。

想要脱颖而出，就要与众不同。这是可可·香奈儿得到的真理，而这真理，如今依旧奏效。

多年前，曾有化妆品同行业的人这样说道："一个品牌就是一个梦想。就像香奈儿之于法国，之于全世界。香奈儿无论是它的服装、珠宝还是化妆品，这些产品都是世界级的，是全世界女性的梦想和至爱。理想能激励我们不断前进，但仅仅有理想是远远不够的，更要有超越对手的能力，而这个能力的关键点在于我们能否创造一个独有的、个性鲜明的、充满魅力的品牌，建立起令消费者为之感动、敬慕和爱戴的品牌文化。基于这样的思想，让品牌成为现代女性身份、地位和品位的象征，让她们为拥有这样的品牌而感到自豪、满足、愉悦和骄傲，从而成为她们一生钟爱的品牌。"

是的，无论是可可·香奈儿本人，还是她的时装，都是极具个性和魅力的，让人想要模仿都无从下手。当《时代》周刊评选出"20世纪最具影响力的100人"的时候，我们会看到可可·香奈儿的名字，她是唯一入选的服装设计师，只有她一人能够配得上这样的荣誉，无须加上"之一"两个字。

可可·香奈儿将女性从繁复笨拙的束缚中解放出来，成为崇尚简约、舒适的第一人；当那些同保罗·普瓦雷一样的人嘲笑她反传统的时候，她坚持用自己低调的奢华和简约的风格来证明自己，有些时候，真理是站在少数人这一边的。她表面是在改变女性的穿着，实际上是在改变女性的观念和思维。

换个角度而言，可可·香奈儿推崇的不是时尚，而是一种专属的风格和一种自我解放的精神。她用自己的设计理念诠释了时尚的真理："你可以穿不起香奈儿，你也可以没有多少衣服供选择，但永远别忘记一件最重要的衣服，这件衣服叫自我！"

"想要无可取代，就要与众不同。"一百年过去了，也真的就没有人能够取代香奈儿，无论是它的标新立异，还是它的长盛不衰。

「 优雅定义 」

讨厌所有仅仅是漂亮的东西

几十年的设计之路，可可·香奈儿都想要改变时尚界的风气和风格。如果要问 20 世纪 20 年代的时尚女王是谁，答案只有一个，那就是可可·香奈儿。

她喜欢黑与白的搭配，因为这才是最纯洁的颜色，所以她将女性从五彩斑斓的让人眼花缭乱的世界里拯救出来，给了她们一套夺人眼球的黑与白的套装。她大胆创新的设计和寻求自在随性的风格，将女性从笨拙的扭曲体型的束缚中解放出来，成为现代女性时装革命的领导者。

她给了时尚一个新的定义：时尚需要美丽，但仅有美丽，是不能成为时尚的，她讨厌所有仅仅是漂亮的东西。

从原始社会到现代社会，衣服早已经不再仅仅具有蔽体御寒的功能了。当上流社会的人们拥有大量的财富，当这些富人开始注重自己穿着打扮的时候，时代告诉那些设计师，华丽高雅的服饰才能受到欢迎。于是，欧洲的贵妇名媛开始崇尚那些让自己看起来高贵，但实际上复杂烦冗的服饰设计。其实，这样的时尚早已经偏离了轨道，也让人的思想开始变得扭曲。人们开始盲目地崇尚这些束缚自己的华服，只要让自己能够改变，那么裙子再沉重、衣服再紧绷、鞋子再不合适也都无所谓。她们要的不是舒适，而是美丽。显然，这样的想法很肤浅。

所以，在可可·香奈儿看来，这样的时尚不是时尚，而是枷锁、是囚牢。它严重束缚了本该自由随意的身体，那么，这样所谓的时尚便没有了意义。的确，那些华丽艳服高贵、漂亮，可是如果不能给人们带来很好的享受与体验，这些衣服就只是一个躯壳。它禁锢了自由的灵魂，这些服饰不该被推崇。

不甘屈服的可可·香奈儿有了这样的想法：她要让女人从头到脚摆脱矫饰，她要给女性们创造一个年轻的形象。

1920 年，美国国会修正了宪法，并且确定了妇女拥有投票权的条例，由此，女权运动也开始在世界各地开始了。一时间，女人们开始有了独立意识，她们需要自由，需要个性，就连女装，也需要一场顺应时代的大变革。

可以说，可可·香奈儿的成功具备了天时地利人和，而这一次的大变革就是天时。

与时俱进才能永久留存。因为顺应时代，可可·香奈儿作为设计师出道；因为顺应时代，可可·香奈儿设计的时装拥有了大批的追随者。与那些复杂矫情的衣服相比，可可·香奈儿设计的衣服简直朴素得不能再朴素，简洁得不能再简洁。她去掉了过往女装那些繁杂的细节，将一层一层的束缚一并去掉。

可可·香奈儿将裙子改为了齐膝的短裙，将上衣设计成了宽松的直线型外套，将毛呢长外套去掉夸张的矫饰。她用自己设计的衣服在告诉大家，女人的衣服可以不再强调胸部和臀部的曲线，因为那样像"鸽子挺胸凸臀让人感到烦躁和杂乱"。她改变了人们脑中根深蒂固的想法，改变了传统时装的概念，也改变了巴黎时装设计的基调与风格。她让每个穿着香奈儿时装的女人都有着独立的形象：简洁、干练、纤细、优雅。

可可·香奈儿做到了真正的时尚与美丽，一件件香奈儿女装，实现了满足感官到优雅与实用并重的彻底改变。

于是，米色的套装，圆珠项链、黑棕色皮鞋、毛呢外套和针织衫应运而生。当然，仅仅设计出衣服还远远不够，只有当身体的主人学会如何穿一件衣服的时候，这件衣服才能完完全全展现自己的价值与美感。于是，可可·香奈儿定义了现代着装观念：如何穿着一件衣服比衣服本身更重要。衣着合体，展露身体优点，遮盖不足才能呈现完美。当然，穿着香奈儿的衣服，人们也不必担心这些，因为香奈儿会自然而然地带给你全新的自己。

可可·香奈儿曾告诫过所有的女性："你每天出门的时候，都要把自己打扮得非常完美，因为很有可能在街道拐弯的时候，你就碰上了今生最爱的那个人。"而如今，在欧美一些国家，依旧流传着那句穿衣真理："当你找不到合适的服装时，就穿香奈儿套装。"优质的布料，简洁的色彩，经典的样式，每一件服饰、每一处细节，都彰显着高雅与尊贵的气质。

穿越两个世纪，简洁质朴的香奈儿依旧走在潮流前沿，无可挑剔的剪裁与款式，让香奈儿成为时装中的经典，无人超越。香奈儿女装，不单单只是时尚，也是一种风格，香奈儿风格。

"时装，要有风格。记住，时装在变，但风格延续。"这是可可·香奈儿曾经说过的话。香奈儿女装，也确确实实独创了自己的风格。香奈儿的风格体现在了服装设计理念上，更注重的是衣服的质量，还有简洁、优雅、自由。

这是香奈儿的魅力，也是人们崇尚它的理由。

如今，可可·香奈儿虽然已经不在，但是香奈儿服装的定位依旧不曾改变：简洁、优雅、自由。那些钟爱香奈儿的女性，也依旧举止优雅、成熟干练。她的成功是永远的，它的优雅、高贵亦是永远的亘古不变。

「 风格永存 」
流行不是追出来的

　　平凡的人们总是被风格吸引，却不能自己创造风格。当人们盲目地跟风、喜欢别人喜欢的，而忘记了自我的时候，可可·香奈儿已经开始创造并坚守自己的风格了。

　　其实，可可·香奈儿一直都有属于自己的风格，只是这种风格最早并没有体现在服装设计上。

　　可可·香奈儿，一个说实话的谎言家，这也是她的习惯。特立独行的可可·香奈儿总是做着与常人相反的事情。

　　同为情妇，当别人享受荣华富贵的时候，她却偏偏要经济独立，想要自己创业；当人们都推崇奢华艳丽的服饰的时候，她却偏偏反其道而行，提倡简约和朴素。可可·香奈儿就是这么的与众不同，无论是在为人处世还是在事业上，她总是有着自己的想法，并且将这种想法延续下去。或许是因为她的勇敢，或许是因为她的执着和倔强，当这些都被用在了服饰上，就成了独有的香奈儿风格。

　　"我不是女性主义者，也不是思想家，但我用我的方式为女性同胞的解放进程做出了贡献。"抱着这样的想法，可可·香奈儿开创了自己的风格。

　　当时的欧洲服装还处于崇尚S形体的风格中。那些贵族的少妇小姐无一不是统一的穿着风格：波烈式的羽饰和长裙，比头要小很多的帽子，而佩戴这种帽子时还要别上帽针，用来固定帽子，因为实在太小，只能用作装饰。推陈出新的可可·香奈儿并不喜欢这些像戏服一样夸张的衣服，于是，大胆的她决定按照自己的喜好设计衣服，而不是追随所谓的流行。她说："我的设计优雅靓丽，其秘诀正在于将简朴持重和纯洁自然和谐地融为一体，那就是皮肤的本色、玫瑰的嫣红、天空的蔚蓝和血样的鲜红。一切都得其天然本色。"

可可·香奈儿设计的那些自由舒适的衣服起初却不被同行看好：如此简单的衣服怎么会流行？线条简单，布料简单，设计简单，这样的衣服根本不能在这个时代生存下去！毒舌保罗·普瓦雷甚至还讽刺可可·香奈儿的衣服是"富贵中的贫贱，寒酸中的漂亮"。同时期的男装设计师保罗·波烈也撰文讥讽可可·香奈儿："从前，女人都富有立体感，像是首船，非常华美，而现在，女人们仿佛是营养不良的电报打字员。"保罗·波烈认为可可·香奈儿创造了一种高级的穷相。

似乎，所有的设计师都不欣赏可可·香奈儿的设计风格，也不认为这样的风格会成为时尚，引领时尚。

然而，事实让这些曾经讥讽可可·香奈儿的人们不敢相信，就是这样的简单，才能成为永远的风格。可可·香奈儿证明了这种"高级的穷相"可以受人追捧，并成为时尚主流，席卷全球。

在香奈儿女装还没有被人熟知的时候，人们往往都是通过衣着打扮来判断一个人的地位和出身。平民百姓自然是粗布麻衣，用的是低档次的布料；高贵的上流社会，则选用丝绸等一些高级布料。不仅布料高级，就连设计衣服的人也要高级，只有出自大师之手的衣服才会被她们购买，无论多贵。香奈儿的出现却让所有的衣服变成了同一样式和风格，人们再也无法找到可以区分身份地位的服装了。

曾经对于缝纫和设计一窍不通的可可·香奈儿紧紧跟随了时代发展的脚步，让自己的简约风格席卷全球："我对我的新职场一点都不了解。在此之前，我甚至从不知道有女裁缝这个职业。我对我一手主导的变革也没有意识。我只知道在某一个世界即将消逝的同时，另一个世界也在诞生，而我就在那个新的世界里看到了属于我的机会，然后及时抓住了它……我和这个新世纪同时诞生，它有多年轻我就有多年轻。从某种程度而言，在新式时装风格的发展上，我只是个兵，而不是一个元帅。当时简明、舒适的风潮已经涌起，正好我自己一直很钟情于这种风格——这一切都不是刻意促成的，真正的成功总是出自于偶然。"

对于香奈儿的设计和始终如一的风格，可可·香奈儿倾注了自己的热情和信心。当可可·香奈儿永远长眠在洛桑公墓时，当她的脚步停滞不前的时候，卡尔·拉格菲尔德继续了香奈儿的传奇。

1983 年 1 月，这个一头白发、永远戴着墨镜、手拿抓扇的德国男人，成了新一任的香奈儿主人。虽然是男人，但是在女装设计中，却可以引领时尚圈的至高点。他旺盛的精力和卓越的天赋让人们称他为"时装界的恺撒大帝"或是"老佛爷"。

对于香奈儿公司，"老佛爷"一接手就进行了大规模的改革。去其糟粕取其精华，老佛爷完美地提取了可可·香奈儿的优雅与简洁，在保持本来风貌的基础上，也注入了一些运动、摇滚的新鲜元素。色调更为艳丽，裁剪与缝制更加精细而高雅。永恒经典与当代风尚完美契合，与时俱进的创新加上始终如一的保持，让香奈儿留住了老顾客，也吸引了新面孔。

为了让香奈儿走上一条摩登典雅的康庄大道，摄影师出身的老佛爷不仅亲自为香奈儿拍摄宣传照片和产品目录，甚至还出任了香奈儿艺术大片的幕后指导，并且接受了香奈儿跨界合作的邀约。在老佛爷的带领下香奈儿终于走出了原地踏步的尴尬，一举成为世界上最赚钱的奢侈品牌。在收购了纽扣坊 Desrues、羽饰坊 Lemarié、刺绣坊 Lesage、鞋履坊 Massaro、制帽坊 Michel、金银饰坊 Goossens 及花饰坊 Guillet 之后，香奈儿一直都在高级时装、高级成衣、香水、珠宝首饰、手表、皮制品、化妆、个人护理、服装配件等领域引领着时尚潮流。

无论是香奈儿的第一任设计师还是现任的老佛爷，他们都已经成为香奈儿的风格，并与香奈儿品牌完美地融为一体。无论是曾经的黑与白，还是如今的艳丽，香奈儿始终都保持着简洁优雅的格调。当一个品牌经历多人执掌，经历岁月流逝，还依旧保持最初的模样，甚至还能幻化出新元素，那便是香奈儿成功的秘诀。

正如可可·香奈儿所希望的那般，如今的香奈儿已经成为流行的引导者，成为了时尚的主宰，而这样的时尚，遍布大街小巷，不再是某一个地区或阶层的代表。她的香奈儿 5 号，她的菱格纹女包，她的小黑裙，依旧是永恒的经典。

潮流不息，风格永存。

「 时尚精神 」
山茶花的香味

　　鲜花与美女是如此完美的组合，女人如花，花香如女人。在可可·香奈儿的时尚王国里，山茶花有着不可替代的地位。西方女人与古老中国的山茶花，这样充满中西结合的异域风情的搭配，更是让香奈儿这个品牌成为世界所有女人追捧的时尚王牌。

　　山茶花有着"唯有山茶殊耐久，独能深月占春风"的傲梅风骨，也有着"花繁艳红，深夺晓霞"的凌牡丹之鲜艳，这样带有浪漫和激情的花朵，是可可·香奈儿一生的最爱。在它的背后，还有一段与爱情有关的浪漫故事。

　　为何这样一个从来没有去过中国的西方女人，会痴迷于中国的山茶花？这一切与可可·香奈儿的爱人亚瑟·卡佩尔有关。这个英国男人，将可可·香奈儿带入了文学的世界。一部小仲马的《茶花女》，成了对可可·香奈儿影响最深的一部文学书籍。

　　年轻时候的可可·香奈儿喜欢阅读小说，而小仲马的《茶花女》，让可可·香奈儿觉得那是"她一辈子读的所有言情小说的综合"。不仅仅是小说，就连小说改编的《茶花女》的舞台剧都让这个女人激动不已，情到深处，可可·香奈儿竟然会落下眼泪，有些时候，可可·香奈儿还会因为哭得太厉害而引来观众的嘘声。

　　从此，山茶花便在她的脑海里挥之不去。

　　亚瑟·卡佩尔带着可可·香奈儿走进了文学世界，也让她感受到了东方的美。同样是西方人的亚瑟·卡佩尔十分喜爱东方的宗教和文化。在可可·香奈儿与他同居的公寓里，到处都是浓重的东方风情：壁炉上的佛像、书架上的印度语书籍，还有一些中国的古典文学作品。

爱屋及乌，生活在这样充满东方风情的房间里，爱人亚瑟又是如此喜欢东方文学，可可·香奈儿也难免会对东方文化产生不一样的感情。

在古玩店闲逛的不经意间，可可·香奈儿发现了一些带有奢华情调的屏风，当第一眼看到它们的时候，可可·香奈儿便不禁赞叹起来，原来在遥远的东方，竟然还有如此美好的物件。她那双善于发现美的眼睛，被这些中国式的黑漆木屏风深深地吸引了。

"从 18 岁起，我就爱上了中国的漆木屏风，当我进入到一间中国的古董店，我差点开心到晕倒，那是我第一次看见中国屏风，也是我第一次收藏中国屏风……"这个对于美丽如此挑剔的女人，就这样开始了对于东方文化的研究。

那一时期的可可·香奈儿过着奢华生活，拥有大笔财富的她对于自己喜欢的东西从来不吝啬，可可·香奈儿花了大价钱一次性地买入了几十扇屏风。这些屏风随着可可·香奈儿从丽兹酒店到康朋街 31 号，从未离开过。

可可·香奈儿将这些中国屏风放在自己与亚瑟·卡佩尔的公寓里。凭借着设计师的灵感和创新，她也从不墨守成规。可可·香奈儿大胆地将这些屏风拆开，做成一块块的木板，镶嵌在墙上作为装饰。一块块屏风挂满了墙壁，就像是可可·香奈儿的那些模特们一样，在展现着自己无与伦比的美。

如果你有机会走进康朋街 31 号，你会发现那里依旧充满了可可·香奈儿的味道。走进房间，映入眼帘的就是中国式的漆木屏风，上面印画着凤凰、鹿、鹤等吉祥动物，还有一些山水景色和亭台楼阁，最显眼的，还是那扇描绘着山茶花的屏风。可可·香奈儿觉得山茶花会给自己带来好运，她便将带有山茶花的屏风放在了最显眼的位置。中西合璧的雅致，让这里多了一份神秘与奇妙的韵味。

可可·香奈儿十分喜欢这些来自中国的黑漆木屏风。静默无声的时候，这些屏风虽然低调，但是却丝毫掩盖不住它们的华丽与高雅。

与这些屏风一起生活，可可·香奈儿并不孤单，因为房间里的一切，都带有亚瑟的味道。亚瑟教会她如何欣赏山茶花的美丽，教会她如何鉴赏中国刻漆屏风以及那些东方的家具。可是这个教会她一切的男人，却自己一个人独自离开了世界。

人不在，徒留哀伤。房间里的勃艮第圣母子石像、日本漆木佛像和宗教水晶十字架，以及飞天神像的日本彩绘丝画，都在硬生生地将可可·香奈儿往与亚瑟有关的回忆里面拽。有着这些装饰物，就像是亚瑟还在自己身边一样，会让人产生一种幻觉。亚瑟·卡佩尔生前送给可可·香奈儿御座的底座和大红色的婚柜，更是让可可·香奈儿感到无限哀伤。或许，喜欢亚瑟喜欢的东西，也算是对于他的一种思念吧！她会将自己喜欢的山茶花屏风改装成一张小桌子，也会习惯性地在这张小桌子上摆放一颗陨石。她相信，这颗陨石是亚瑟·卡佩尔赐予自己的，他要让这颗小小的石头保护自己，给自己好好生活下去的勇气和力量。

年幼时父母不和谐的感情生活，让可可·香奈儿自小就极度渴望安全感，渴望能够拥有幸福，渴望不再自己一个人面对一切。然而，当她在事业上独自打拼的时候，当一段段爱情相继夭折的时候，当爱人永远离去的时候，当漫漫长夜无心睡眠的时候，她开始感到漫无边际的绝望与孤寂。她想要在自己脆弱的时候，能够有一个怀抱给自己温暖，在哭泣的时候，能够有一个肩膀让自己依靠。可是转眼生命已经触及到了时光的尽头，可可·香奈儿却依旧孑然一身。

每每黑夜降临，可可·香奈儿便开始陷入到了孤寂中。她可以逼迫自己全身心地投入到工作中，可是却不能逼迫自己在一个人的夜晚假装开心。

没有爱人，没有亲人，可可·香奈儿只能依靠朋友，因为她讨厌一个人面对漫长的夜晚。

每一个无心睡眠的长夜，可可·香奈儿都会邀请自己的朋友来家中做客，几个好友一起吃饭一起品酒一起聊天，无所不谈。每当这个时候，可可·香奈儿都是最积极的，她可以在与朋友的谈笑间，忘记白天的不悦与压力，打发无聊的时光。因为害怕一个人，可可·香奈儿都会让屏风遮住自己的房门口，她希望那些唯美奢华的中国式屏风可以挡住朋友们想要离开的心，她希望这一刻能够像屏风上的山茶花一样，永远不会凋谢。

花开不败，可是一颗心却已经渐渐枯萎。可可·香奈儿依旧清楚地记得，当初与亚瑟·卡佩尔相爱的时候，这个英国男人送给自己的第一束花就是山茶花。

素雅清新的山茶花诉说着对爱人的思念，她在用这种方式抚慰自己的孤寂的心。或许，这种孤独感只有那些屏风上的山茶花能够感知得到，那是一种怎样无法言说的痛啊！

迷恋山茶花或许是因为渴望拥有爱情的生活，可可·香奈儿得不到爱人的陪伴，只能将这些美好寄托在花朵之中。来自古老东方的神秘花朵，让可可·香奈儿充满了好奇心，她不知道这样娇美的花朵应该带着怎样的香气，也不知道这样奢华的山茶花生长在什么地方。未曾遇见，也就有了想象的空间。可可·香奈儿开始想象山茶花芬芳扑鼻的香气，那应该是一种淡雅而且清香的气味，虽然不浓郁，但是却足以让人神魂颠倒。可可·香奈儿决定，要让这朵山茶花开放在她的时尚王国中，永远不败。

在1913年，可可·香奈儿将自己喜欢的山茶花应用在了腰带上；1930年，在小黑裙的裙摆上，我们也能够感受到山茶花的魅力所在。对于这种东方的神秘花朵，可可·香奈儿越来越喜爱，也越来越觉得自己的时尚王国需要它的灵魂。

可可·香奈儿始终认为，产生美丽的基调无一例外地属于简洁，注定，那一朵朵洁白的山茶花将要征服这个女人。线条规律清晰，颜色简单纯洁，让可可·香奈儿爱上了它，白色的山茶花更是可可·香奈儿的最爱。她是如此钟爱白色，并将白色作为自己设计里面的主色调。带给人和谐清亮感觉的白色，与简洁大方的山茶花相结合，是世间最完美的组合。它的感性美，可以让我们动情，因为那看似简洁素雅的背后，却透露着高雅圣洁的尊贵风韵。

从 1960 年开始，她毫不吝啬地将白色山茶花应用在自己设计的作品中，印花织物上，首饰上，纽扣上都曾出现过山茶花的影子。虽然这些精致的花朵没有芳香的气味，倒是有着忠实的心，它们不会凋落，不会腐败，不会因为岁月而消失。从最简单的白色棉质花朵饰品到蔓延在可可·香奈儿的所有设计之中，那朵朵至美无瑕的山茶花开始恣意绽放，成为一种在可可·香奈儿设计风格中反复出现的元素，也成了香奈儿时装的象征和标志。

古老的东方屏风映衬着康朋街那些漂亮的漆木，可可·香奈儿将这些元素分成了十个主题，每一个主题对应着一块香奈儿腕表。

追求完美无瑕的可可·香奈儿总是会为一个作品的问世花费自己全部的心思和精力。为了让这些腕表华丽璀璨，可可·香奈儿特意邀请了世界顶尖手工艺匠来制作自己的香奈儿腕表。腕表由大师们手工镂刻，并且还会带有雪花式的镶嵌工艺。这种被命名为 "Coromandel 东方屏风" 的设计让可可·香奈儿感受到了中西结合的微妙与妩媚。整整半年多，十个主题的腕表相继问世。可可·香奈儿在用这种方式，寻求自己与古老东方关于时尚精神的共鸣。或许，当自己第一次看见中国屏风的时候，可可·香奈儿就有了这样的想法吧，只不过，身为时尚设计师的她在用另一种方式表达自己的东方情怀。

中西方的完美结合的确为香奈儿腕表赢得了许多的目光和关注，在爱美人士的世界里，从此又多了一件值得他们追求的物件。当然，香奈儿腕表的受欢迎程度与香奈儿品牌的知名度密不可分。多年来，香奈儿一直是品质与品位的保证，与那些不知名的小品牌的腕表相比，香奈儿有着足够的优势与资本让它成功跨行。多年来累计的雄厚资本，自身拥有的强大资源，再加上可可·香奈儿独特的设计理念，让香奈儿在高级钟表行业也占有了举足轻重的地位。

随着时间的流逝以及对山茶花的喜爱，香奈儿将这朵山茶花从腕表移到了自己的珠宝首饰上。黑白相间的花朵形状的项链，白色嵌钻的花瓣款戒指，白色包围粉色的花朵耳坠，妩媚的花形手镯……可可·香奈儿将山茶花变换成各种形式，融入到了自己的作品中。

人说女人如花，某一时刻，也许可可·香奈儿又一次灵感爆发，她不仅要让女人们佩戴山茶花，还要让女人拥有山茶花一般的面容。与其佩戴，不如真正拥有。

可可·香奈儿认为，"每一个女人的肌肤都是独一无二的，而女性的肌肤，也最能传递感情。"于是，她将自己的香奈儿护肤品进行了一次创新，"香奈儿山茶花保湿系列"成功地将山茶花精华加入到了化妆品中。当乳液源源不断地流入掌心，与肌肤接触的刹那，你就会感受到山茶花系列的与众不同。细腻柔和，丰润性感，让你感受到如丝绸般的触感。扑面而来的花香，让你仿佛置身于法国贵族的神秘花园。清新润泽，让你时刻感受到山茶花带给肌肤的轻松与舒适。

也许人们依旧不能明白，为何可可·香奈儿会如此偏爱这样一种不曾见过的花，但是香奈儿公司却依旧在今日延续山茶花的美丽。作为香奈儿化妆品的另一个重点，香奈儿将山茶花元素应用到了唇膏上，似乎，山茶花已经成为香奈儿的一种标识。

一朵朵山茶花，开放在香奈儿的时尚王国里，成为了这个王国的国花。时光流逝，岁月的尖刀磨圆了一切的棱角，可是它还是如此骄傲地绽放着，永不败落。

「 另辟蹊径 」
来自男人的灵感

　　我们都是凡夫俗子，在没遇见自己一生的伴侣之前，每个人的心中总是有着这样或者那样的憧憬与幻想，仿佛自己下一个要遇见的就是理想中的爱人，然后与他或是她谱写一段能够同甘共苦、可以成就"蒲苇韧如丝，磐石无转移"的人间佳话，彼此心灵相惜才是他们想要的。

　　在奥巴辛的孤儿院里，可可·香奈儿也曾幻想过那个与自己相伴一生的男子的模样。梦中的他绅士、优雅、温柔、体贴，他可以给自己最温暖的怀抱，每一个无眠的漆黑夜晚，他可以给自己温暖，从此世间不再只有一人身影独自品尝孤寂的痛苦。然而世事无常，一旦遇到了真爱，所有的幻想都禁不住现实的打击与人心的难测，曾经那些美好的愿望与倔强也会瞬间化为隐忍，成为坠入爱河的人的永恒悲伤。

　　可可·香奈儿太过出色，她容貌清秀，身材瘦削，有着聪慧的头脑和强大的内心，她的斐然才华更是让人艳羡钦佩。这样的女人应该有太多的人爱慕，而她也曾有过欢喜和愉悦，只是，真心疼爱她的人实在是太少了。一生短暂，但是在她的身边，没有爱人的陪伴，没有孩子的嬉闹，没有家庭的温馨。对于她，只有一段段破碎的爱情。

　　而在一段段不完美的爱情中，与亚瑟·卡佩尔的爱恋更是让这个坚强的女人日日落泪，痛彻心扉。

　　与亚瑟多年的感情还是败给了残酷的现实。当亚瑟决定娶戴安娜为妻的时候，可可·香奈儿心灰意冷。她曾认为，自己就这样跟随亚瑟就好，无名无分，但至少能够彼此相伴。一纸婚书，抵不过感情。可是，这样的美好转瞬即逝。亚瑟还是走了，在家庭前程与可可·香奈儿之间，他最终还是选择了前者。他抛弃了曾经多年的陪伴，他放弃了那个把他当作挚爱的女子。他走了，走的不只是他一个人，他还带走了可可·香奈儿的心。

痴心的可可·香奈儿曾以为，亚瑟会许她一生幸福。遇见亚瑟，她不再冷傲，不再清高，爱情里，她是那个多情人，爱得如此卑微，如此谨慎。她小心翼翼地维护着他们之间的感情，渴望得到他家里人的认可。

可是即便如此，她的梦依旧破灭了，那个生命中最深爱的男人，在一场车祸中与自己和爱情永别了。

爱情，男人，对于别人是甜蜜与幸福的事情，对于可可·香奈儿却是悲戚和痛楚。

无处抒发，她便将这样噬人心骨的悲苦全都寄托在了设计之中。这个世界本就不存在什么完美，即便是撰写传奇的女子，也要有感情的寄托，也有俗世的困扰。像是可可·香奈儿，义无反顾选择了做亚瑟的情妇，也就选择了不能完满的幸福。亚瑟的离去，也让这段短暂的幸福生活从此画上了句号。是的，可可·香奈儿选择了亚瑟，也选择了悲伤，从此，亚瑟离开了她，而她，也弄丢了自己的心。

为了不让自己沉迷于过去，为了不让自己在回忆里迷失，没有了爱情的可可·香奈儿选择了事业与工作。每一次爱情破碎之后，她就会越发全神贯注地投入工作。

在普通女人的世界里，她们将爱情视为生命，甚至比生命还要重要；在可可·香奈儿的世界里，爱情不是必需品，而是奢侈品，它只不过是一种装饰，锦上添花的装饰，能够拥有爱情，生活会更加美好，但是没有了爱情，一切也都无伤大雅。

这样独立的女人曾说过："上帝赐予我最好的礼物便是使我不去爱

不爱我的人，并且使我无视爱情之中最普遍的形式——嫉妒。"

因此，可可·香奈儿从来没有为爱情而迷失自己。她一生都在恋爱，但是却没能得到一份永久的爱。然而那些离开自己的男人却给了她设计的灵感源泉与动力。或许，在可可·香奈儿的心中，对于他们也是抱有感激之情的吧，没能给她家庭，却成就了她的事业。

同那些文艺女青年一样，可可·香奈儿也会从爱人的身上撷取自己创作的灵感。与她相爱的男人可以是家境富足的公子哥，也可以是穷困潦倒的文艺诗人，可以是背负骂名的纳粹流亡分子，也可以是有妻子儿女的英国首相。一段段感情就如同她的一件件作品那样，丰富多彩。

那些将可可·香奈儿视若掌上明珠的男人们，或是带着她走进了向往已久的上流社会，或是让她感受到了艺术的熏陶。人来人往，在每一段感情经历中，可可·香奈儿都会在他们的身上学到或者得到自己需要的一切。同那些男人相处的经历，在悄无声息地改变着她的命运，带着她从低谷走向巅峰，到达一个又一个的新高度，塑造了一个全新的可可·香奈儿。

1906年，在维希公园，你会看到可可·香奈儿和姑姑艾德里安一起散步，而此时两个女孩所穿的衣服，就是她们自己设计和缝制的。姑姑艾德里安穿了一件斜纹的衬衫，虽然简洁朴素，但是衬衫上的白色蝴蝶结却成为了点睛之笔，活泼而不失优雅，完美地突出了整体风格。可可·香奈儿则穿着一件长至脚踝的吊带裙，裙子的长短正好遮住了她的脚尖，裙子的面料是用威尔士王子的西装布料做的，这种方格布料没有女人的柔媚，而是充满了阳刚之气。可可·香奈儿的上衣则是开襟的短上衣，她还与众不同地将衣服的扣子扣得严严实实。最引人注目的还是可可·香奈儿的帽子，窄边的草帽只别有一朵花作为装饰，与那些贵族妇人的帽子相比，这样的装饰实在是不能入眼。这样一套打扮就是早期的香奈儿风格，随性简单的装扮让可可·香奈儿看起来更像是穆兰男子寄宿学校里的小男生，中性的打扮、轻便的服饰，有了一番别样的美丽。

从那个时候开始，可可·香奈儿就如此喜欢这种自由风格，但也仅仅是自己设计自己穿而已。真正激发可可·香奈儿灵感的，还是与巴勒松在赛马场比赛的时候。

上流社会的女人十分懂得抓住每一次的机会来展现自己，因为虚荣心与攀比心，让她们在重大场合出现的时候，都会挑选自己最华丽漂亮的衣服示人。

在可可·香奈儿学会骑马以后，她与巴勒松便经常出入赛马现场。但是很快，可可·香奈儿就成为了赛马场上的怪人，因为她的衣服在那些贵妇看来，穷酸得不行，尤其是那一顶草帽。当女人们华丽精心地装扮自己时，可可·香奈儿却选择了最简单最朴素。于是，她反而成为了焦点。每一次可可·香奈儿的到来，都会聚集了人们异样的眼光，但是她却依旧坚持自己，不羞涩也不避讳。渐渐地，那些表面上对这种装扮嗤之以鼻的女人们，心底里却也充满了好奇与艳羡，她们也想尝试一下这样的打扮；慢慢地，人们对于可可·香奈儿不再嘲笑和蔑视，而是争先恐后地围绕在她身边，希望可可·香奈儿也能给自己一顶这样的朴素草帽。

她就像是一个叛逆的孩子，非要在华丽的世界里推崇朴素，她讨厌跟风，讨厌被束缚。女性需要解放，需要像男人那样自由，于是，那宽松舒适的男装给了她灵感。

封建的欧洲，女人们都穿着宽大的拖地长裙，传统让他们认为女人只有这样才能端庄得体，才能保护自己的私密部位，但是可可·香奈儿却偏偏喜欢男人的马裤。她甚至穿着从英国马蹄铺子里借来的马裤，毫不在意地迈着大步，走进店里，请裁缝师傅为自己做一条一模一样的裤子。尽管裁缝师傅惊讶地愣了很久，但还是满足了可可·香奈儿的要求，给她定做了裤子，又定做了衬衫。我们可以很清楚地认识到，可可·香奈儿要的衬衫绝不是一般的衬衫。按照她的要求，裁缝师傅将男款衬衫的领子改小了，搭配了一条针织领带，并且还按照可可·香奈儿的想法，制作了一件苏格兰粗呢材质的男式便装外套。

那样一个奢华的年代，那样一个时尚的都市，可可·香奈儿的时装就像是荒野之中盎然绽放的花朵，吸引着周围人们的目光。朋友们因为她闻名的设计而炫耀自夸，女人们因为她的美丽而争相模仿，男人们因为她的美丽而偷偷观看。

她是时尚的先锋，后来的人们这样评价可可·香奈儿。如此看来，这么说一点都没有错。她只是贫苦的少女，她不懂什么历史，也不懂什么时尚，但是她就是凭借着自己的感觉，设计出了一件又一件时装，她掀起了女性时装的革命，改写了服饰文化的历史。

这样的一身行头，充满了阳刚之气和干练气息。当可可·香奈儿穿着自己设计的衣服出现在大家眼前的时候，人们被这样的风格震惊了，他们开始相信，女人也可以将裤子和衬衫穿出美感与时尚。

女人只能穿裙子的时代被可可·香奈儿宣布终结了，她开始从男人身上寻找设计的灵感。

一个男人离开了，另一个男人到来了。对于可可·香奈儿而言，巴勒松离开了，亚瑟到来了。这个英国男人是马球选手，爱情甜蜜的时候，可可·香奈儿就会陪着他打马球。有些时候，灵感就是一瞬间的事。那一日，可可·香奈儿站在场边观看亚瑟打马球，由于天气不算暖和，可可·香奈儿冻得浑身发抖，无奈便借来亚瑟的马球衫穿。就是这样的一件男式马球衫，激发了可可·香奈儿的创作灵感，她要将这种男式的马球衫改成女服。可可·香奈儿将衣服的布料改为了针织布料，并且将衣服的下摆设计成松垂的款式，还搭配了一条同颜色的腰带。看上去休闲的毛线衫就这样诞生了。为了与毛线衫匹配，可可·香奈儿还设计了一条同颜色的直筒裙，与毛线衫成了一套针织布料的女套装。

可可·香奈儿又一次颠覆了人们的观念。在这件套装没诞生之前，人们只用针织布料制作男性和小孩的内裤，因为他们觉得这样的布料不够高雅，不够上档次。可可·香奈儿却出人意料地用这种低廉的布料制作女装，并且还如此受到那些富人的喜欢。人们不知道可可·香奈儿是怎样做到的，她就像是有魔法的仙女，总是能带给人意想不到的惊喜。

她忠于事业，爱情的失意让她成了女强人的代言人。男人在她看来，可以给她爱情，也可以给她灵感。指间夹着一支香烟，高傲地抬起下巴，她是自己时尚王国的女王，她从不指望任何男人，只依靠自己。

这不是势力，也不是自私。不过，像可可·香奈儿这样的出身，只能这样选择。她没有背景，没有家族，没有财富，一个女人想要出人头地，就要不断前进。她是一个女人，却像男人一样活着，因为她知道，男人与爱情是不可靠的，只有自己拥有事业，才能屹立不败。

从一个怀抱投入到另一个怀抱，可可·香奈儿从来不会放弃自己的事业；从一个男人走向另一个男人，也许她会伤心难过，却从来不会影响自己的正常生活和工作。她不会因为爱情而放弃工作，无论她多爱这个男人。与其说她爱男人，不如说她更爱自己，她也不会因为某一个人而在事业与爱情之间选择一个，因为在可可·香奈儿的世界里，根本没有选择的必要。

| 第八章 经典流芳 |

被世界记得的名字

「 锻造口碑 」

跨越世纪的流行已不只是流行

从被父亲抛弃的小女孩到众星捧月的时尚潮人，从默默无闻的缝纫女工到执掌时装王国的女强人，可可·香奈儿的一生可谓是传奇的演绎。她用自己的智慧与独立、自信与美丽，抒写了最具传奇色彩的时尚大师的一生。她独具慧眼，用自己灵巧的双手和聪慧的头脑设计出了别出心裁的时装。

一个世纪以来，她创造着流行。而这种跨越世纪的流行，早已经不只是流行了。

当今社会，一个品牌能否存活下去，成为站立在流行前沿的强者，不仅需要领导人的智慧与魄力，还需要精准的品牌定位和统一化的品牌形象。

从一开始，可可·香奈儿就为自己的品牌定下了风格：简约而不失奢华，再加上纯手工的精细制作，注定香奈儿的顾客是一些有经济基础和时尚品位的人。从发源地法国巴黎到如今的世界各地，香奈儿依旧保持这种风格，几十年不变。它的至高无上，也成为了诸多女性追逐它的原因。

从最初的女帽，到如今的各个领域，无论是时装还是配饰，抑或是化妆品，可可·香奈儿都不遗余力地将图形元素附着在产品上，虽然不曾学过经商与设计，但她的这一做法却强化了人们对于香奈儿的记忆。

在香奈儿服装的扣子上，都会刻有香奈儿的双 C Logo，两个背靠背交织的字母 C，成了人们为之疯狂的标志。

除了著名的香奈儿双 C Logo，香奈儿的菱格纹也是香奈儿的精神标志之一。从香奈儿 2.55 女包开始，可可·香奈儿就将这种菱格纹引用到皮件上，随后还被用在了香奈儿新款的服装和香奈儿腕表上。

可可·香奈儿也将自己喜欢的山茶花应用到了设计上，将山茶花的图案进行改良，作为发饰或者制作成珠宝首饰，也还会别在罩纱上或是摆在腰间。潜移默化地侵入人们的记忆，让人一看到山茶花便会想到香奈儿。

即便是现在的卡尔·拉格菲尔德，也是如此钟爱香奈儿的双 C Logo。无论是粗花呢夹克，还是珠宝首饰，抑或是露跟女鞋，只要老佛爷喜欢，他就可以将香奈儿的标志用在任何的产品中。当然，还包括在日常生活用品中。网球拍、游泳圈、滑板……即便是生活中，也随处可见香奈儿的影子。

正是因为这些，所以人们才会在提到香奈儿的时候，自然而然地想起这些经典的香奈儿标志。它们已经不仅仅是一个图案了，它们是一种时尚的特征，是优雅的标志。对于那些懂得品位的人来说，只是地位与风格的象征。

多年来，香奈儿始终坚持内在的统一与外在的差异相结合。明确的风格与精准的定位，使香奈儿在视觉上会让人产生强烈的印象感，足以在没有任何标志的情况下，让人们准确地判断出品牌。

可可·香奈儿说过这样一句话："诚如拿破仑所言，他的字典里没有困难'两字'，我的字典中也找不到'不成功'三个字。"

香奈儿的时尚之路与可可·香奈儿本人一样，只能成功，不会失败。

「 女性图腾 」
衣服也可以是梦想

"云想衣裳花想容"，世界上每一个女人都渴望有一件衣服，能够让自己美丽如花，绽放夺目的光彩。没有什么能够阻挡女人对于美丽的渴望，也没有什么能够阻挡女人对于漂亮衣服的向往。为了衣服，女人花费了许多时间和金钱。在这条路上，也永远没有尽头，只有更美丽，没有最美丽。

如果说，一个人的容貌是天生注定而无法改变的，那么当你想要重新塑造自己的时候，衣服就是最好的选择。从长裙到短裤，从夹克到T恤，从真丝到棉麻，从单一纯色到五彩斑斓，衣服随着女人的需要而不断翻新花样。慢慢地，那一件件时装已经不再单单是遮盖保暖的布料，它们承载了女人太多太多的美丽愿望与心情，也承载了可可·香奈儿的梦想。

从缝纫女工到时尚设计师，可可·香奈儿凭借对时尚的第一直觉创造了一个又一个的经典。她改变了女人只能穿裙子的观念，改变了人们对于服装和女性的认识。她只是普通的平民女子，一度过着艰苦的生活，甚至被父亲抛弃，无家可归。她没有时间和经济条件去学习专业的绘画和素描，但是与生俱来的天赋和对时尚的敏感让可可·香奈儿只看一眼，就知道衣服的好坏，看得出哪里还需要改良，哪里还需要加工。

是的，可可·香奈儿就是时尚界的天才，她那一双慧眼和双手，就是天赋所在。当性格融入事业中，可可·香奈儿就成为了女强人；当梦想遇到天赋，她就成为了一个不折不扣的工作狂。

可可·香奈儿一生不曾婚嫁，因为她早已将自己交给了时尚事业，因为她觉得一个女人在事业上的成功，要比成为一个主妇更让人有成就感。于是，她将工作视为自己的生命，她可以没有爱情，可以没有家庭，但却不能没有工作。一旦停下来，人生的无聊与空虚就会一起向她涌来。只有工作才能让她感到快乐。即便是因为寻找一种满意的面料而四处奔波，即便是为了更好的剪裁而废寝忘食，她也觉得工作是一种享受，而不是负担。忙碌中，可可·香奈儿一步一步成为了时装领域的革命者。

她是将男性的针织毛衣变换为女装的第一人；她让女性换下裙子，如男人一样穿上了长裤；她从水手裤中获得灵感，制作出了"sailor pants"和"beach pyjamas"系列，而后，她大胆地推出了女性正装长裤。然而，在当时的社会，可可·香奈儿的这种设计似乎并不讨好。当美国女星玛琳·黛德丽穿上了可可·香奈儿设计的裤装时，便被当时的巴黎市长责令离开巴黎。

一切的新鲜产品都需要时间才能被人们接受，从问世到流行，这是一个漫长的过程。让女性也能够像男人一样穿裤子，这一革命性的理念直到 20 世纪 90 年代才被广泛接受。

英雄所见略同。1966 年，伊夫·圣罗兰和可可·香奈儿一样，使用裤装设计了一套晚礼服，然而依旧不被人们接受。所有穿着伊夫·圣罗兰设计的衣服的女性都被拒之门外，只有脱掉裙子里面的长裤才能进去。

尽管人们不看好这样的设计，但是执着的可可·香奈儿依旧我行我素。她会穿着白色或米色的长裤套装出席各种场合和宴会，与那些臃肿的长裙相比，这样的长裤套装会显得女人的双腿更加修长，身材也更加高挑。不得不承认，女人穿上长裤时的干练丝毫不逊于裙子的优雅。

随着女款长裤被人们慢慢接受到风靡时尚圈，可可·香奈儿似乎成为了女人们心中的偶像。可可·香奈儿将女性从一个繁复沉重的裙装时代带到了一个简洁体贴的现代世界，她让女人们懂得了穿着一件衣服比衣服本身更重要。

她的完美主义与不服输的精神支撑着她积极努力地向着时尚顶峰攀登，她要抓住每一次成功的机会，她要让每个人都知道自己的香奈尔品牌。一路摸爬滚打，可可·香奈儿终于创造了一个属于自己的时尚王国，并且掀起了 20 世纪的时尚流行风潮。

衣服是可可·香奈儿的梦想，她要让女人们摆脱束缚，她要让自己不再是依靠男人的附属品。女人永远有一件衣服叫作自我，而她本人也要找到真正的自我。所以她的成功不是偶然，而是必然。因为可可·香奈儿讨厌弱者，讨厌不努力的人。人要独立，要努力，所以对待那些贫困的人，可可·香奈儿也从不同情和怜悯。

时至今日，香奈儿的时尚王国依旧存在。永远不会过时的女套装、高跟鞋、女包、珠宝、化妆品，还有永远不会过时的香奈儿 No.5 香水，也依旧是时尚王国里的闪亮主角，多年不变的设计与品质，让它们成为了那些热爱时尚的女性的必备收藏。

在当时的时尚界，可可·香奈儿的出现与设计似乎有些不同寻常，她的那些另类设计在同行的设计师们看来简直是笑话，让人嗤之以鼻，不屑一顾。但就是这种不拘一格的设计，让香奈儿踏踏实实地走到了今天，而不是在劲敌崛起中消失灭亡。

始终相信，每个女人都喜欢香奈儿，是喜欢香奈儿这个品牌，也是喜欢可可·香奈儿本人。她用女装实现了自己的梦想，将时代贴上了香奈儿的标签。骄傲如她，可以如女王一般的宣称："我使时装的观念前进了四分之一世纪，我凭什么？因为我懂得如何解释自己的时代。"

这是属于香奈儿的时代，我们称之为经典的很多标杆，都是源自于可可·香奈儿，她的天赋与才华无时无刻不深刻影响着全世界各地的时尚之都。人们的生活方式，各大发布会设计灵感，时尚杂事的潮流预言……每一处的角落，都会看到香奈儿的影子。

「 华丽谢幕 」

我的孩子，死亡就是这么回事

  时光的刀刃将生命分割成了一分一秒的片段，每一次分针走过，生命的年轮便多了一圈。就这样，一分一秒、一圈一圈，生命便在这其中消耗殆尽。

  每个人都曾经在不知不觉中挥霍着青春的长度，以为岁月的脚步漫长到任由自己消费。然而忽然之间，你会觉得曾经的过往已离自己那样遥远而去了，而如今的自己，已经洞悉到了生命的尽头。

  降临于世，只不过是上帝借给我们的资本，总有一日你要归还。愚蠢的人们丝毫不在意岁月的蹉跎，只顾着眼下的快乐，以为未来还很遥远。唯有当你两鬓斑白的时候，才会感叹：刚刚成熟，却又要慢慢老去。原来时光竟然如此地不经用。

  不悔梦归处，只恨太匆匆。时光如流水，它会将过去的一切冲刷得干干净净，也会将一个人的存在冲刷得干干净净，毫无印记可寻。

  暮色渐浓，天色渐晚，残阳的余晖沁入可可·香奈儿的心房，她不想离开，只能等待老去。

  女王也会老去，也会回到属于她的天国。

  晚年的可可·香奈儿一直住在丽兹酒店。她需要创作，需要设计，而她经历了太多太多，无论是好是坏。她不能也不允许自己活在过去，那样会让她失去创造的能力，而她越来越感觉到，自己的热情和精力在一点点的消逝，这让她感到恐惧和担心。而更让她感到恐惧的，是自己周围的人都相继离世。她开始感觉到死亡已悄悄来临，就连自己的好友米希亚也在 1950 年告别人世。

对于自己的这位好友，可可·香奈儿是又爱又恨。在米希亚的面前，自己可以无拘无束，不需要任何的伪装，她们分享秘密，分享心事，她们彼此扶持，互相帮助，她们给了彼此太多的帮助和鼓励。

对于可可·香奈儿，米希亚永远也不会忘记自己第一次遇见她的情景："我立刻被一位身着深色礼服的年轻女性吸引了……她散发的光彩让人不能抗拒，她看上去天生就拥有无穷无尽的优雅高贵，并且当我们说晚安的时候，我对她的那件红色毛边天鹅绒外套十分着迷，于是她立刻脱下来披在我的身上，迷人地说她很乐意把这件衣服送给我。她的姿势非常优美，我开始觉得她全身上下都散发着魅力……第二天我迫不及待地去康朋街找她，当我到了康朋街之后，我看见两个女人正在谈论她，叫她'可可'。我不知道，但是我的心沉了，我奇怪为什么一个如此特别的人却有着一个这样粗俗普通的名字呢？"

那一件红色毛边天鹅绒外套成就了可可·香奈儿与米希亚的友情，一段感情，两个女人，就这样彼此相伴走过 30 多年的岁月。当人老了，最怕的就是被人撇下。那个温暖的女人，在 1950 年，永远地离开了可可·香奈儿。

一个人生活在丽兹酒店，可可·香奈儿感觉到十分孤寂，尽管她不愿意承认。她害怕会被人看穿自己的孤独感，所以她说自己不喜欢被家庭束缚，不结婚也不要孩子。她害怕看到别人一家团圆甜甜蜜蜜的样子，那样会更加显得自己形单影只。她说着违背心意的话，其实，年迈的可可·香奈儿想要爱人和孩子，她需要有人陪伴。

可是，她有的只有她的时尚王国，她的设计事业。面对孤独，可可·香奈儿只能尽量压抑和克制。可是，她却又不能放弃眼前的一切。随着年龄的逐渐增长，这种矛盾越来越让她觉得纠结："我到底怎么了？我能做些什么？我晚上躺在床上的时候就会对自己说'你为什么要强颜欢笑？你为什么不能放弃这一切'。"

是的，她不能，不能放弃。因为这一生，她已经嫁给了自己的事业。即便是已经快要 90 岁的可可·香奈儿，还依旧坚持自己的时尚事业。

她为工作而生，她的一切都为了事业："在我有生之年，我不会休息。没有任何事情能比休息更会让我觉得劳累和不快。我能想象得出天堂上会有多么无聊，因为在飞机上的我就比在地面上的任何一个地方都无聊。所以，即使我到了天堂，我也要为天使们设计服装，因为我已经在地面上与其他的天使们一起创造了我的天堂。"

60 年代的可可·香奈儿，给她的朋友克劳德·德雷留下了这样的印象："香奈儿是个强势的女人，性格猛烈，她不是一个甜心式的女人。她很有魄力，无论是对自己还是对别人，她都是严格要求的。"

可可·香奈儿是个坚强的女人，这种坚强伴随她一生。很多人都认为可可·香奈儿是一个不会倒下的女人，很少有人看出，她其实内心十分脆弱，不堪一击，所有的坚强只是逞强和无奈。因为她只有自己，她只能坚强。

但是，好友克劳德·德雷却深知可可·香奈儿是一个怎样的人。每当她感到孤寂袭来的时候，克劳德·德雷便会陪伴她、安慰她。每当她觉得自己被世界抛弃的时候，克劳德·德雷都会陪伴左右。

同样在可可·香奈儿身边的，还有她的男管家让·米拉耐，多年来，让·米拉耐一直都在可可·香奈儿的身边服侍左右。可可·香奈儿喜欢这个男人的幽默与谦虚，也习惯了有他的日子。她会给他买房子，也会给他大笔的钱，只要可可·香奈儿能够做到的，毫不吝啬。

对于这个男人，可可·香奈儿是有感情的。但究竟是日久生情，还是亲人一样的信任，我们没有人知道。可可·香奈儿确实对让·米拉耐说出了那样直白的一番话："有件事情你不懂，我曾经问过你三次，我不知道你为什么不回答我。是你真的不明白还是假装听不懂？今天我再问你一次，你愿意娶我吗？"

此时的可可·香奈儿已经是一个老女人了，她没有了青春，没有了美丽的容颜，皱纹爬上了她的脸颊，没有了健康的身体，就连性格也反复无常。就是这样一个女人这样的质问，让男管家震惊之余又很生气。他觉得可可·香奈儿问这样的问题，会让别人认为自己是一个靠老女人养活的小白脸。让·米拉耐始终不能相信，像可可·香奈儿这样女王一般存在的人会喜欢自己。他觉得，自己是配不上可可·香奈儿的，尽管在年龄上，自己要比她年轻。

带着不可思议，让·米拉耐在可可·香奈儿问完之后便起身离开。

似乎已经习惯了让·米拉耐的存在，没有了他在身边，可可·香奈儿感到度日如年。她加大了镇静剂的剂量，可还是无法安稳情绪。没有了让·米拉耐，她开始觉得心慌意乱，她没心思做任何事，也不想接受所有的事情，那些只会让她觉得更加烦躁和不安。

尽管不久之后，让·米拉耐又回到了丽兹酒店，但这件事还是让可可·香奈儿受到了不小的影响。她的睡眠质量在不断下降，而且梦游的毛病也越来越严重了。她会面目狰狞地走在酒店的走廊里，也会把窗帘和床单剪掉，乱七八糟地放在地板上，还会拿着剪刀乱剪一气。没有人知道她梦游的原因，但人们却能真真切切地感受到，此时的可可·香奈儿十分痛苦。

其实，可可·香奈儿是想要改变这种状况的，她做了很多努力，可还是摆脱不了痛苦的折磨。

于是，她开始使用吗啡。药物的作用让她神智有些不清醒。因为梦游症越来越严重，可可·香奈儿开始让让·米拉耐将自己绑在床上。每一次，她都会弄伤自己，大腿、鼻子、手臂，她浑身伤痕累累。

后来她因为患上了中风而不得不住院，这让可可·香奈儿感到羞耻，她开始意识到自己是真的老了，她为自己身体的衰老感到羞耻，也不愿意让别人看到她病态的身体。

身体每况愈下，各种疾病开始让可可·香奈儿感到无比痛苦。关节炎、风湿病让她恐惧生命的消逝。恐慌与不安充斥着她的心，她开始再一次用工作麻痹自己。

每到周末，可可·香奈儿都会放下手中的工作，来到拉雪兹墓园。漫步在墓园里，仿佛回到了小时候。那个将墓地当作自己王国的小女孩，如今已经真正拥有了自己的王国，可是，她却再没了小时候的单纯和快乐。

生命，或许就是一个圈，从哪里来，回哪里去，起点亦是终点。每一次从墓地回来，可可·香奈儿都会觉得属于自己的日子越来越少。

一切属于可可·香奈儿的历史和传奇，永远地定格在了1971年的1月10日。

本应该在工作的她不得不在这一天待在丽兹酒店，因为是休息日。中午，可可·香奈儿开始坐在梳妆台前打扮自己。岁月苍老了容颜，可是她不允许自己变得懒惰。她要漂漂亮亮地去见自己的朋友克劳德·德雷。

1点钟，克劳德·德雷与可可·香奈儿准时坐在了酒店的餐厅里，准备享受午餐时光。愉快的谈心之后，他们一同前往了香榭丽舍大道散心。直到太阳落山，残月升起，可可·香奈儿才在克劳德·德雷的目送下，回到了丽兹酒店。她将自己的背影留给了好友，独自迈步走进酒店的大厅，她边走边告诉克劳德·德雷，自己明天会去店里工作。

一切如同往常一样，看不出一丝异样，然而谁也预想不到，此时此刻，死神已经正在悄悄接近可可·香奈儿。而克劳德·德雷也不曾想到，那一日，竟然是最后的午餐，那个瘦削的背影，在自己的记忆里还是如此清晰而悲痛。

独自回到酒店房间的可可·香奈儿不知为何十分疲倦，还没来得及脱下衣服便睡下了。没过多久，仆人们便听到了她的叫喊，她告诉仆人打开窗户，因为自己快要不能呼吸了，她的胸口发闷，无法喘气，她的五官开始扭曲，颤抖着双手，可可·香奈儿想要给自己注射吗啡，内心无法安定的她想要通过药物来让自己安静，这是她25年来的老习惯，就如同往常一样稀松平常。

可是，第二天，可可·香奈儿却再没如往常一样醒来。

女仆们给她换上了她最喜欢的白色衣服，也在灵柩上铺满了她喜欢的白色山茶花。人们按照她生前的愿望，将她葬在了洛桑的墓地里。她的墓碑没有多余的刻字，除了名字和日期，还有一个十字架和五只狮子。

一如她的设计风格一样，就连墓碑也是如此简单。她不喜欢复杂，也不喜欢被束缚。曾经在"二战"时期，可可·香奈儿邀请保罗·莫朗为自己撰写回忆录。在回忆录里，可可·香奈儿为自己撰写了墓志铭："我这一生就是一个孤独女人的故事——大部分都是悲剧。这个孤独的女人很重要，但是也很悲哀，她一直都在和自己，和男人们进行着斗争，在斗争中，双方并非势均力敌，不过斗争本身更吸引人……战争中到处都充满着刺激和危险。

"今天我独自一人站在阳光下，站在雪中……我没有丈夫，没有孩子，没有幻觉，但我依然在继续……我的生活仅仅是孩提时代的延续。人们都认为我的人生就像是一首诗……我不是诗中的女主人公，但是我实现了我的理想。"

她一个人生活在这个世界上，也将会一个人生活在天堂里。她有的，只有她的事业和梦想。

斯人已逝，生前曾经的过往也都随之消失。不论可可·香奈儿生前是多么不友好，人们还是宽恕地送她最后一程。

可可·香奈儿就这样悄无声息地离开了。康朋街 31 号，香奈儿的员工们依旧争分夺秒地工作着，仿佛什么都不曾发生一样，而工作室楼下的公寓里，门扉紧闭，窗帘低垂。透过淡淡的月光，还可以看见屋子里的屏风上，白色的山茶花依旧朵朵绽放，安静得仿佛只是可可·香奈儿早早睡下了。

低调和简洁，她将这种风格延续着，从此，世间再没了那个坚强的女人。

　　她卑微的出身和敏捷的才思，跨越了战场上的无情摧残，跨越了时尚界的你争我夺，跨越了黑色时装的孤独思念。几十年过去了，或许她早已卸下了沉重的包袱，也卸下了红尘的烦恼忧思。一个渴望被爱情和亲情围绕的传奇女子，用孤寂的一生将自己置于时尚的巅峰，她的自信、痛苦、悲伤、坚强、寂寞，凡此种种，这些注定会随着她的离去而成为历史。几百年、几千年，甚至是更遥远的以后，到底还能有谁懂得可可·香奈儿的心酸与不易呢？

　　也许根本没有人能够懂得这个女人的一生，她的苦难与成就，她的孤独与坚强，都是上天早就安排好了的。

　　我总是觉得，可可·香奈儿不该拥有绝世的才华，也不该拥有异于常人的天赋，只因命运轨迹的变动，全都是因它而起。这样的时尚女王，也有着自己惨淡的童年与爱情。有人说，她就是一个情妇，但她却从不依靠男人；有人对她的一段段风流韵事嗤之以鼻，但每一段感情她都真心付出；有人觉得她就是一个工作狂，不能称之为女人，但也正是这样的她创建了香奈儿时尚帝国。可可·香奈儿是多面性的，我们不能片面地去评价、去看待。但是她的这一生，也着实让她累了，倦了，腻了。

　　回首可可·香奈儿的一生，跌宕起伏，坎坷曲折。她经历过大喜，也经历过大悲，然而当一切结束，却还要一个人继续前行。她是老板，是设计师，是爱人，是情妇……她在尽自己所能地扮演着上天早已安排好的角色。舞台谢幕，她出色地完成了一切，但蓦然回首，才发觉自己始终是空落落的。

　　作为一个女人，可可·香奈儿是成功的，这不仅是因为她的时尚事业，也是因为作为情妇与爱人，她没有失去真正的自己。只有她知道，那个简单明了的她才是真实的自己；那个全神贯注工作的她，才是真实的自己。无论她说着什么话，做着什么事，心中的纯净与素洁始终都不曾褪去。

　　其实，她渴望的，是能有一个可以让自己停歇的港湾，能有一个可以让自己依靠的肩膀。也许有那么一瞬间，她以为亚瑟·卡佩尔就是那个自己期盼的人，可惜这样的男子却依旧辜负了她的期望。

　　世事无常，人生动荡。一切的一切都让这个传奇女子身心疲惫，心累了，也就空了，只有终结一切，才能换来安宁的清静。

　　朝阳起落，没有了可可·香奈儿的康朋街依旧繁忙。灯光通明，忙忙碌碌的香奈儿员工为着下一季的发布会而做着准备。宁静而美好，像是一幅画一样，永远定格在这一刻。一阵阵微风吹过，门前白色的山茶花摇摇曳曳挺立盛开，随着清风摆动，像是在与可可·香奈儿挥手告别。多情的人们充满了想象的空间，也许其中的某一朵就是可可·香奈儿的化身。她不忍离开这个多姿多彩的世界，于是便用这样一种形式，继续自己的生命演绎，带着生与爱的眷恋，带着美丽与辉煌。

「 传奇不落 」
永远延续的灵魂

流行稍纵即逝，但风格永存。

从可可·香奈儿到如今的掌门人卡尔·拉格菲尔德，香奈儿的传人始终保持着内外皆美的独创风格。当香奈儿从老佛爷的手中起死回生的时候，这个扎着小辫子的男人创造了一个神话，他就像是男版的可可·香奈儿，他的存在就是为了延续香奈儿的灵魂。

1933 年 9 月的德国汉堡，卡尔·拉格菲尔德出生在一个普通家庭里。他的父亲是一个卖炼乳的商人，母亲则是内衣销售员。当卡尔·拉格菲尔德 14 岁的时候，父亲带着全家移居到了法国巴黎。在那个时尚之都，卡尔·拉格菲尔德走过了自己的学生时代。他像所有的学生一样普通，他的才华还没有被人发现，但是岁月不会掩盖他的闪光点。

传奇人物的诞生总是要经历诸多的磨炼与考验。岁月一分一秒地过去，而才华就像是被细沙覆盖住一般，只有经过潮水的冲打，才能够露出本来的模样。20 世纪 60 年代，已经过了而立之年的卡尔·拉格菲尔德才开始逐渐显露出自己的设计才华。他喜欢时装，也喜欢设计，他想要此生都与时尚为伴。渐渐地，卡尔·拉格菲尔德已经为自己规划好了未来之路：他要设计一切与时装有关的东西，他要成为能够引领潮流的设计师。

为自己规划好了未来，卡尔·拉格菲尔德开始一步一步奔向自己的梦想。而后不久，卡尔·拉格菲尔德开始在亲戚经营的服装店里工作，他终于找到了能够让自己施展才华、大展拳脚的地方。热情四溢的他有着许许多多的想法和点子，只等待一个机会，而现在，他抓住了这个机会。对于亲戚经营的这个店面，和一些关于时装的设计构思，卡尔·拉格菲尔德有着许多的想法，他要将高级时装的优雅与"成衣"的快速流行结合在一起，他要成为著名的女装设计师。

上天注定，这个被人称为时尚界的恺撒大帝的男人会成为可可·香奈儿的接班人。他与可可·香奈儿一样追求时装的简洁和实用性，思维活跃的他还会在设计中加入创新：单扣手套镶上了扑克牌的图案，印花布上印上数学方程式符号、丝质扇面和阳伞上印有花样，饰珠上的柯洛斯标签缝制在礼服上作为镶边……他总是不按常理出牌，奇奇怪怪的具有戏剧性的设计让人诧异，却也受到了女人们的好评。

一时间，老佛爷名声大噪，他不再是那个默默无名的卡尔·拉格菲尔德。时尚品牌 Fendi 的姐妹花老板十分欣赏卡尔·拉格菲尔德的设计才华与天赋，从此，卡尔·拉格菲尔德开始了与 Fendi 的长期合作。

1983 年，卡尔·拉格菲尔德成了香奈儿的首席设计师，那个时候的香奈儿已经沉睡已久。如卡尔·拉格菲尔德所言："我接手香奈儿时，她是个睡美人，甚至称不上美人，她睡到打鼾了。"

他让香奈儿起死回生，并且屹立不倒。他创造了香奈儿的又一神话。和可可·香奈儿一样，他们都是缔造传奇的人。

有人说，卡尔·拉格菲尔德"有着钢铁般的意志，又有着丝绒般的技巧"，他就是一个矛盾体，与可可·香奈儿一样。他可以声名鹊起，也可以低调淡然；他深谙小黑裙的精髓，也懂得如何推陈出新；他热爱时装，也懂得哲学。他就像是一个多元体的组合，将那些看似互相排斥的东西巧妙完美地结合于一身。

世间，也只有这样与众不同的人才能将香奈儿延续，也只有这样独一无二的人才能成为引领潮流的设计师。老佛爷的创意与构思让人无法捉摸，你永远也无法想到他下一季将会推出什么风格的时装，源源不断地创新，造就了每一件精美绝伦的服饰。

可可·香奈儿虽然离去，但是属于香奈儿的传奇并没有停止。日复一日，年复一年，传奇与经典还在岁月中铿锵有力地前行。从法国到中国，从服饰到配饰，香奈儿从未改变。

2013 年 5 月 14 日，法国的凡尔赛，天空湛蓝，树木青翠。小特里亚农的喷泉依旧活泼欢快地自顾自吐着水花，清新的空气中带着一丝烂漫的味道。在这个圣洁之地，香奈儿带给了人们一场穿越时空的洛可可派对。

卡尔·拉格菲尔德将香奈儿 2013 早春度假系列时装秀的地点选择在了这里，自然也与设计灵感有关。老佛爷这一季的灵感来自于法王路易十六的皇后 Marie Antoinette。

天空蓝、粉红、薄荷绿、白色、米色、麦穗黄等色彩让这一季的时装活泼而轻松，充满了夏日的气息。模仿着 18 世纪的法国贵族，卡尔·拉格菲尔德让模特们都戴上了造型夸张的假发，香奈儿的御用彩妆师 Peter Philips 则用眼影与腮红还原了贵族们浓重的妆容，并在眼下贴上双 C 贴纸作为装饰。

而对于 18 世纪流行的蓬蓬裙，卡尔·拉格菲尔德也进行了巧妙的改良，将它们设计成了中分晚装与短裤。亮丽的颜色与层层叠叠的袖口，再加上大体积的饰品，老佛爷用这样的方式向人们重现了 18 世纪的贵族之风。

对于香奈儿这一季的时装，卡尔·拉格菲尔德十分满意，并称之为"穿牛仔的 Marie Antoinette"。在这一季早春度假系列中，卡尔·拉格菲尔德选用了经典斜纹软呢、牛仔布与针织面料，简单的三种面料通过奇妙的设计，便轻松塑造出了 18 世纪宫廷风格。浓妆与假发，诠释了洛可可的精髓—— 一切以欢愉的唯美为中心，没有对错。

时尚，自然没有对错，只要喜欢。

2009 年，香奈儿发布了早春度假系列时装秀，老佛爷将这一次的发布会选在了意大利的威尼斯丽都海滩。

1920 年，可可·香奈儿与好友米希亚第一次来到这座美丽的城市，那些博物馆与教堂，深深地吸引了她的目光。威尼斯的一切都让可可·香奈儿着迷，也就是从那一次开始，可可·香奈儿将威尼斯的艺术风格永远注入到了香奈儿的作品中。

那一年，可可·香奈儿游历了这座浪漫多情的水上城市，闭眼轻嗅，香奈儿香水的味道依旧弥漫空中。将这一季发布会选择在威尼斯，老佛爷或许是想要带我们重温过去，而这一年，也是香奈儿进驻中国市场十周年。为了庆祝这样的日子，老佛爷还特意将这一季还原成经典电影推荐给中国的消费者。

阳光、沙滩、美女，构成一幅绝妙的威尼斯夏日风景图，而渲染风采的是经典的香奈儿。

满头金发的模特儿赤着脚，戴着三角帽和太阳镜，从木质栈道铺成的伸展台走出来，而模特儿的身上是这一季香奈儿新款——宽松的黑色斗篷与棉质风衣，与当年可可·香奈儿充满阳刚之气的衣服一样，老佛爷的香奈儿早春度假系列也充满了阳刚气质。

在 2009/2010 的早春度假系列中，老佛爷将可可·香奈儿喜欢的威尼斯元素放大了不止十倍、百倍。意大利电影大师维斯康蒂的史诗巨作《魂断威尼斯》、30 年代活跃在威尼斯的上流人士、文艺复兴时期出现的威尼斯红、意大利大师们所擅长的明暗对比画法……老佛爷将这些能够代表威尼斯的元素充分加入到了香奈儿的设计中，他从威尼斯获取灵感，也从威尼斯找到生机。他就像是拥有重返过去的超能力，让人们在一件又一件的香奈儿服饰之中，找到曾经的威尼斯情怀。他用自己的剪刀和针线将威尼斯的过去与现在交融，不着痕迹地演绎着浪漫而又古老的水上风情。

时刻保持活力与激情，让与时俱进的新鲜元素带动香奈儿的设计之路越走越远，这是香奈儿能否继续走在时代前沿的关键。香奈儿的艺术总监杜福尔认为："像香奈儿这样的品牌，每隔 15 年左右都要进行一次年轻化，否则就会与市场脱节。在卡尔和我刚去的时候，它就存在着严重的老化问题，而我们的任务就是加快年轻化进程。"

每一个国家都有自己的传统，也都有自己的文化，出身法国的香奈儿能够被世界认可，自然是源于它的年轻化。当法国的香奈儿与东方的古老文化相遇，随处可见的中国元素让一切变得妙不可言。

2009 年 12 月，老佛爷在中国上海的黄浦江上，开启了香奈儿"巴黎·上海"的 2010 高级手工坊系列时装秀。

从 2002 年开始，老佛爷就制定了这样的计划：每一年选择一个城市，将香奈儿与当地的传统手工艺技术相结合，推出香奈儿高级手工坊系列。到现在，老佛爷带着香奈儿已经走过巴黎、纽约、伦敦等城市。中国的上海，是第八个城市。

曾经的可可·香奈儿向往中国的古老文化和艺术，如今的老佛爷也同样倾心中国的上海。在他的心中，"上海女人""中式服装"和"乌木屏风"成了上海的代名词，他要让中国元素为香奈儿注入新鲜血液和力量。

依旧是香奈儿经典的黑色，但是这一次，老佛爷却加入了艳丽的中国红和幸运的翡翠绿作为亮点，尽显宫廷贵族气质；经典的斜纹软呢套装搭配中式凤仙领和斜开襟，是中西合璧的最好诠释；布料覆盖金属的盒状手包，是外带餐盒带给老佛爷的灵感，与其他香奈儿女包一样，这款盒状女包同样配有经典的金属皮穿链。珠宝上的飞龙图腾，手镯、胸针上的流苏，钥匙圈上的地标建筑，都透露着浓浓的中国风。

但是，当那一个身穿外形像中国蓑衣的垫肩套装和斗笠的模特出场之后，将发布会引向了高潮。惊艳全场的设计，独具匠心的搭配让人赞不绝口。人们赞叹老佛爷的天赋，惊叹他为什么可以将西方与东方的美如此融洽地镶嵌如一，而不着痕迹，就连男装外套都可以被改良成为中山装。

　　浓郁的中国气息，经典的法国时尚，当古老遇上新生，当西方遇上东方，人们才恍然大悟，才看到香奈儿不一样的一面，才知道原来美是不分国界和种族的。

　　"我的工作就是赋予香奈儿一种新的视觉乐章。"卡尔·拉格菲尔德说。他喜欢创新，喜欢改变，喜欢自由。于是，他坚持每半年的循环。然而时尚永远在改变，想要跟上它的脚步，就要时时刻刻充满冒险精神，只有先它一步，才不会被淘汰。

　　曾有中国的时尚编辑这样看待老佛爷与他的香奈儿："他非常了解服装设计，可以说他是时装江湖的老大。如今香奈儿在全世界的定位跟他是分不开的。很多人认为，香奈儿已经不太偏向于年轻人了，而是偏向拥有消费能力的人。其实，近几年香奈儿发布的服装都适合年轻人。对于卡尔·拉格菲尔德这样一个年纪很大的设计师，他能够与时俱进，不放弃原来的东西，把活力注入到服装设计里，让一个古老的品牌年轻化，其实并不容易，因为很多品牌都失败了。"

　　如今，年过古稀的卡尔·拉格菲尔德依旧活跃在时尚界，孜孜不倦地设计着自己满意的作品，像是拥有永远用不完的精力。出自他手的每一季香奈儿也总给我们带来意想不到的惊喜，让人趋之若鹜。他用黑色的衣服和墨镜作为自己的保护色，镜片之下，没人能知道那颗心是怎样热血澎湃。

　　不得不说，卡尔·拉格菲尔德与可可·香奈儿实在是太像了。他们都有着一颗热爱时装的心，却又不是专业出身，他们都有着用不完的精力，因为没有家庭的牵绊，他们都是如此神秘，让人无法亲近，却又觉得如此熟悉。就连那孤独，他们都是如此相似："那是我的秘密，别说那些关于孤独的陈词滥调，之于我这种人，孤独是一种胜利，这是场人生战役，像我一样从事创意工作的人，必须独处，让自己重新充电，赞成每人都应该有独立生活，将别人当成依靠，对像我这样的人来说很危险，我必须时时刻刻如履薄冰，并在它破裂之前跨出下一步。我热爱人群，更热爱孤独，我需要有自己的时间，让自己充电，无法每天24小时与人为伴，我不适合婚姻生活，有些时候我需要独处，这是好事，我痛恨无法独处的人。"

孤独、天赋、自信、执着、创新⋯⋯有太多太多的标签可以为他们定义，但是平凡的我们却不能看透他们的人生。铸就传奇的人注定不是凡人，也就注定要承受凡人不能承受的欢与悲。可可·香奈儿如此，卡尔·拉格菲尔德亦是如此。我们应该庆幸，没有了可可·香奈儿的香奈儿公司会得到卡尔·拉格菲尔德的宠爱，唯愿香奈儿经典永存，绵延于世。

后 记

世上有多少女人爱着香奈儿，没人知道，但我们知道，香奈儿就像是一个咒语一般，让拥有它的女人不能忘怀。不是因为它奢华，也不是因为它昂贵，虚荣并不能够永远留存，只有独特的内在才会让人过目不忘。

当可可·香奈儿爱上了香奈儿，她给了它意义，她给了它生命。

可可·香奈儿，她活出了世界女性争相效仿的样子，她告诉了人们，什么才是真正的女人。

真正的女人，不能做男人的附属品。独立的经济、独立的思想才是活出自我的真谛。你可以去喜欢一个男人，也可以去投入一段感情，但在感情里，无论多喜欢也不能失去自我。当你像藤蔓一样依附别人而活，生命与灵魂便没有了任何意义；当那个你依靠的男人消失，你也会即将面对生命枯萎的来临。

"我很孤单，若能不写这个词该有多好，孤单……这省略号为我的孤单罩上了一层本不该属于我的忧郁，但它也不能是个感叹号。没有必要在表面上增添不必要的强调语气。我只是要确定，我是孤单一人长大的，而后孤单一人地活，再孤单一人地老去……总而言之一句话：我很孤单。我只是孤单一人，没有丈夫、没有孩子、没有孙子，没有所有这些能让我们以为世上还有另一个我存在的美丽梦幻，所以我只能继续前行。"

因为孤单，可可·香奈儿选择去寻找拥抱，寻找一处温暖的体温。

也因为不想做寄生虫，她踏上了实现梦想的坎坷之路。

从弃女到情妇，从情妇到设计师，虽然身份有变，但是可可·香奈儿依旧不忘记自己是一个独立的个体，她从不依靠谁，也从不对谁抱有任何不切实际的幻想。

当梦想照进现实，可可·香奈儿成了时尚界的设计师，也成了女性的骄傲。

可可·香奈儿把优雅和简洁作为起点，开创了属于自己的事业。她不但改变了现代女性穿衣的观念，还给女性灌输了独立自主的精神。香奈儿5号、小黑裙、菱格纹女包、山茶花保湿护肤系列……当香奈儿产品一件一件问世之后，可可·香奈儿成为了时尚界的魔术大师，她用自己的手将女人们变得优雅而自信。她是走在时尚潮流前沿的人，她用自己的方式引领人们如何不被岁月与时尚打败。

可就是这样的一个勇敢而独立的女人，拥有了属于自己的王国，却没能在自己的王国里，有一位与她执手到老的王子陪伴。

当我们大多数人都过着"恋爱—结婚—生子"这样的生活时，可可·香奈儿的感情多多少少有些显得不算完满，她的生活里，只有恋爱，没有婚姻。我们不能说不结婚就是错，也不能说结婚就是对，因为每个人都是独立的个体，独立的思想，每个人都有属于自己的生活方式和生活观念。那些智慧的人，总是与我们常人不太一样，可可·香奈儿不曾婚嫁，却也爱过。那爱让她刻骨铭心，让她魂牵梦绕，此生能够这样爱一回，便足矣。

值得庆幸的是，可可·香奈儿事业上的成功弥补了她爱情的缺失，鱼和熊掌不可兼得，有得有失，才会看透生活的意义。

如今，几十年过去，可可·香奈儿的美貌与风流韵事让她依旧被人们铭记，但更多的还是她一手打造的香奈儿时尚帝国。没有哪个女人像她一样自由勇敢随性，也没有哪个女设计师像她一样，将生活过得多姿多彩。

　　可可·香奈儿，她是时尚王国的女强人，也是多情的小女人，她有着两副面孔，她的骄傲、梦想与勇敢注定了她的与众不同。她的存在就是要告诉我们，原来有一种时尚，永远不会过时；原来有一种女人，叫作可可·香奈儿。

LIVE LIVE
STAR STAR
PEOPLE
I SEE